ABOUT TIBET
THE STORY OF INHERITING

传承的故事

讲述西藏

王丕君 ◎ 主编

图书在版编目（CIP）数据

讲述西藏．传承的故事 / 王丕君主编． -- 北京：
华文出版社, 2017.9
ISBN 978-7-5075-4563-0

Ⅰ．①讲… Ⅱ．①王… Ⅲ．①西藏—概况②民间工艺

—介绍—西藏 Ⅳ．①K927.5②J528

中国版本图书馆CIP数据核字(2017)第156807号

书　　名：	讲述西藏·传承的故事
标准书号：	ISBN 978-7-5075-4563-0
责任编辑：	宋军占　钟卫芳　雷平
出版发行：	华文出版社
社　　址：	北京市西城区广外大街305号8区2号楼
邮政编码：	100055
网　　址：	http://www.hwcbs.com.cn
投稿信箱：	songjunzhan@sina.com
电　　话：	编辑部：010-58336192　总编室：010-58336239　发行部：010-58336270
经　　销：	新华书店
印　　刷：	北京画中画印刷有限公司
开　　本：	787×1092　1/16
印　　张：	15.5
字　　数：	203.5千字
版　　次：	2018年1月第1版
印　　次：	2018年10月第2次印刷
定　　价：	58.00元

版权所有，侵权必究

编审委员会

主　编：王丕君

副主编：张晓明　孙良刚　李红强

编写人员（按姓氏笔画为序）：

    马　恺　　王梦璐　　冯登宁　　闫　洁

    张　敏　　吴建颖　　范登科　　郭明慧

    翟新颖

出版前言

《讲述西藏》丛书出版之际,正值中国改革开放四十周年,这套书展示了西藏和平解放以来,尤其是改革开放以来,在党和国家的关心、帮助和全国各族人民的共同支援下,经过共同奋斗,西藏社会各方面发生的翻天覆地的变化。丛书图文并茂,以点带面,综合运用了历史档案、文献记录、现场访谈等手法,对事件、地点、人物、器具等进行了白描式展示,全方位、多角度、立体化地展示了西藏社会在经济发展、社会建设、百姓生活、宗教信仰、文化传承、生态与环境保护等方面所发生的深刻变化。

丛书的出版,有助于海内外读者更加全面、深入、系统地了解真实、客观、原本的西藏。西藏的命运始终与中华民族的命运紧密相连,西藏的变化始终与伟大祖国的发展紧密相随。相信西藏的明天会更加美好!

谨以此书献给改革开放四十周年。

序言一

讲述西藏的好书

苏叔阳

西藏是伟大祖国的固有领土不可分割的一部分；勤劳质朴的藏族同胞是伟大中华民族各支系的兄弟姐妹，但西藏的历史变迁，文明的特色和发展，以及今日的生活状况、发展前景许多国内同胞并不太了解。随着青藏铁路的通车、民航航线的拓展和旅游事业的迅速发展，特别是祖国各发达地区，与西藏地区工农业、教育事业的对口支援、合作，使蒙在西藏脸上薄薄的神秘面纱随风而去。她高远蓝天、袅袅白云、巍峨大山、青碧圣湖，和那随处可见的飘扬的经幡，以及庄严质朴的佛祖的信众，会让你觉得出乎意料的美丽：古老的庄严静谧和现代繁盛与活泼结合得那样巧妙而有活力，让西方一些政客及十四世达赖喇嘛的呓语，许多都变成了痴人说梦。

解释这一切的最好办法有两个：一是出版一套通俗而又严谨的读物，把过去，现在，将来，通过各色人等——过去的贵族、农奴、现在的僧侣、平民、农民、牧民、中外记者、旅游家、历史学家等等，实话实说，以真实可信的数字衬底；不信？请来旅游。眼见为实。这是第二个好办法。西方客人来了，有正经的好咖啡，想品品藏人好喝的甜茶吗？请君在蓝天白云下，青青湖水旁，饮甜茶，思爱侣，神飞海角天涯。假如此时再有优雅的诵经声，和庄严的钟声在轻风中传来，您也许会有晶莹的泪滴挂上睫毛。真的，此时一切惑人的慷慨激昂的演说，就失去了效果。或者这会勾起您想一探究竟的愿望，那我向您推荐此书。读了此书，您会长出一口气，叹曰："原来如此！"

西藏和藏胞质朴又可爱。她文明的独特美就在于文明的多元而同一。这一套书，有人物经历，有理论解说，有历史演变，深浅皆有，真实可信，是一套好书。力劝大家，尽可能读读此书，乃至多读几遍，您一定会有巨大的收获和因此带来的欣喜！

谨以此为序。

2015年8月15日
日寇宣布无条件投降70周年
于京华窘斋

序言二

今天的故事就是明天的历史

清华大学国际传播研究中心主任　博士生导师　李希光

翻开《讲述西藏》这套丛书,让我想到8年前我在西藏的一段故事。

在八廓街一个转角处的黄房子的屋顶上,我和我的20名学生挤在长条木凳上聆听英国历史学者杨明皓(Miles Young)先生讲课。我和杨明皓创建并共同主讲"大篷车课堂"有十几年了,他最近被任命为牛津大学新学院候任院长。

这一次西藏之行是在2007年春,杨明皓的课是我们到达拉萨的第一堂课。他上来就问:"谁能回答,我为什么要让你们读那本书(《西藏七年》)?"这座叫玛吉阿米的黄房子据说是六世达赖和美丽少女相遇的地方,伴着金色夕阳下的布达拉宫和手中热腾腾的酥油茶,学生们努力思考着杨的问题,尽管他们在北京到拉萨的火车上一直在阅读这本书并完成了读后感,但这个"为什么"难住了他们。

一个男生打破了沉寂:"我们过去看到的西藏新闻报道和信息都是正面的,这本书让我们了解到西藏负面的东西。"另一个学生说:"这本书包含了西藏生活的方方面面,作者并没有只写正面的东西,他也展示了许多负面的东西。"这时,一个叫海伦的学生说道:"我感到作者在讨好贵族。他把大部分时间花在跟贵族交朋友和参加各种宴会上了。这就是我的结论。"

杨明皓说:"这是一个很好的结论。这本书中有些东西并不像表面看上去那么简单。我为什么要让你们读这本书?我想要锻炼你们的大脑,因为你们的大脑是一块肌肉,跟你们身体里其他的肌肉一样。你们的读后感可以分成两类:一类数量多一些,一类数量少一些。第一类读者我称作对书的'直观反应',与之相反的读者就是对书的批判性反应。第一类读者趋向于表面,比较肤浅;第二类读者就深入得多。我想告诉你们的是,你们写文章太快了、太冲动,不花时间思考。如果用一种更具分析性的方式看待这本书,你们就会开始问问题:作者的想法是从哪儿来的?他的角度是什么?真正的事实是什么?哪些事实比较有说服力?哪些又很荒诞?如果你怀疑某些事实,那么给出你自己的证据来反驳这些事实。如果你解构这本书,你实际上是开始解构外界关于西藏的一些神话。

"关于香格里拉的神话在欧洲文明与思维中的影响力是非常强大的。香格里拉神话提供了情感和个体上的安宁,它为我们这些生活在西方文明中的人提供了希望,如果我们要度过安宁和纯净的一生,也许能够在拉萨或是其他地方找到更好的归宿。你们可以重新审视这个神话的前提,西藏过去是和平的吗?性别之间的竞争、传统苯教与佛教之间的竞争,以及达赖喇嘛与班禅喇嘛之间的竞争一直都是存在的。"

课后有学生评价:"这堂课最核心的词是'why',为什么杨要让我们看《西藏七年》,我们采访别人的时候,不要从问题跳到解决方法,而是要在其中再问一个'为什么'。我们最终应该解构香格里拉神话、解构西藏神话,消除像《西藏七年》这样误导性极大的书,还西藏一个真实的面目。历史上,这里也存在着不同的部族,有文化冲突甚至战争冲突，并不是一个宁静美好的人间天堂。"

当我们常常多问一个"为什么"时，我们的视角就打开了，从而跳出之前的思维定势，通过用历史的眼光和对现实的把握能够更理性地看待和解决问题。华文出版社出版的这套《讲述西藏》丛书正是站在尊重历史、尊重现实的高度，使用平实的语言和确凿的数据讲述着西藏的政治、经济、宗教、文化、教育等方方面面。

更为难能可贵的是，围绕西藏这个庞大、复杂、深奥的话题，《讲述西藏》丛书并没有用枯燥的文献、严肃的说教、艰深的理论来堆砌文字，而是通过人性的故事展现给读者一个真实的西藏。这些文章看上去轻松有趣，实际上这表面的轻松背后是大量的采访调研，必定花费了不少人力物力。编者把每章又分为四节：讲述、故事、编辑视点、背景知识，从宏观叙事到一个个人物的命运讲述，从画龙点睛的评论到实实在在的数据，每章都力求做到有理有据、有情有感。

在过去的16年里，我每年带着学生走在路上读书、采访、研讨、写作，就是希望他们在这个"大篷车课堂"上学会用朴实无华的语言写出一个个真实动人的故事。在方法上通过练习直接引语、场景描写等写作技巧，而背后则是扎实的历史地理知识的积淀和独立思考能力的培养。当代社会充斥着大众媒体与社交媒体，人们越来越成为信息的被动接收者。在这个媒介化社会中，我尝试训练学生用更理性的分析方法看待不同的文化与人类，用自己的双眼观察生活在不同环境下的人们，摆脱大众媒体刻板成见的束缚去搜寻他乡的故事。《讲述西藏》丛书中的许多人物故事及写作技巧是值得学生们学习借鉴的。

构思这篇书评的时候，我正带着学生坐在从巴基斯坦北部山区的"小西藏"飞往伊斯兰堡的1959年生产的C-130大力神军用运输机上。这是我第四次带领学生进入藏传佛教的源头巴基斯坦犍陀罗地区采访，而藏传佛教路线更是"大篷车课堂"的传统路线，除了我国的西藏、青海、四川、云南、甘肃等地，"大篷车课堂"还开到了尼泊尔，俄罗斯图瓦、布里亚特和蒙古国。这16年间我带着累计500多名学生出征20多次，用他们的双脚、双眼寻找真相，并让他们用自己的思维去解构当代媒体和学界关于生活在亚洲边地上的人的"神话"。借用了古代商人和朝圣者的"大篷车"概念，我与友人杨明皓共同指导这个"充满思想火花的大车店"。

与《讲述西藏》丛书的出版目的相同，"大篷车课堂"旨在通过阅读、采访并撰写当地风土人情来鼓励人们，特别是年青一代的跨文化对话。期待《讲述西藏》不断续写新篇章，寻找更多发生在西藏的感人故事。以真诚的态度讲述今天的故事就是在负责任地书写西藏明天的历史。

目 录

前 言

第一章 凝聚民族记忆的工艺传承 ……………… 1

一、讲述：流传千年的民族技艺 ………………………………… 2
二、故事：民族技艺坚守者群像 ………………………………… 5
三、编辑视点：那些散落在民间的手工艺人 …………………… 39
四、背景知识：西藏的民族手工业 ……………………………… 41

第二章 歌舞海洋里的千年传唱 ……………… 43

一、讲述：世界屋脊上的独特声音 ……………………………… 44
二、故事：浸染千年岁月的高原吟唱 …………………………… 46
三、编辑视点：寻"声"西藏 …………………………………… 71
四、背景知识：活跃在西藏的民间艺术团体 …………………… 72

第三章 土石交错间的宁静守望 ……………… 75

一、讲述：传承历史的符号 ……………………………………… 76
二、故事：守护布达拉宫 ………………………………………… 77

三、编辑视点：雪域高原上的古建筑保护⋯⋯⋯⋯⋯⋯⋯⋯⋯⋯95
四、背景知识：布达拉宫⋯⋯⋯⋯⋯⋯⋯⋯⋯⋯⋯⋯⋯⋯⋯⋯96

第四章　虔诚的西藏文化布道者⋯⋯⋯⋯⋯⋯⋯⋯99

一、讲述：藏文化的载体⋯⋯⋯⋯⋯⋯⋯⋯⋯⋯⋯⋯⋯⋯⋯100
二、故事：虔诚的西藏文化布道者⋯⋯⋯⋯⋯⋯⋯⋯⋯⋯⋯106
三、编辑视点：文化传播需要更多懂得的人⋯⋯⋯⋯⋯⋯⋯129
四、背景知识：藏文化载体得到有效保护⋯⋯⋯⋯⋯⋯⋯⋯130

第五章　多彩西藏艺术的传播者⋯⋯⋯⋯⋯⋯⋯⋯131

一、讲述：仰视西藏的高度⋯⋯⋯⋯⋯⋯⋯⋯⋯⋯⋯⋯⋯⋯132
二、故事：多彩西藏艺术的传播者⋯⋯⋯⋯⋯⋯⋯⋯⋯⋯⋯137
三、编辑视点：雪域生活浇注艺术之花⋯⋯⋯⋯⋯⋯⋯⋯⋯154
四、背景知识：西藏优秀传统文化得到保护传承⋯⋯⋯⋯⋯154

第六章　祖传的手艺不能丢⋯⋯⋯⋯⋯⋯⋯⋯⋯⋯157

一、讲述：长在血脉里的文化印记⋯⋯⋯⋯⋯⋯⋯⋯⋯⋯⋯158
二、故事：流淌在手艺人心底的时光⋯⋯⋯⋯⋯⋯⋯⋯⋯⋯158
三、编辑视点：留住传统技艺培养传承人⋯⋯⋯⋯⋯⋯⋯⋯169
四、背景知识：传统文化焕发新光彩⋯⋯⋯⋯⋯⋯⋯⋯⋯⋯171

第七章 梦想在空中飞扬 ········· 173

一、讲述：雪域高原追梦人················ 174
二、故事：藏族青年的梦想················ 175
三、编辑视点：那些追梦的藏族青年············ 194
四、背景知识：传统与现代交融和谐的西藏百姓文化生活···· 195

第八章 多彩青春 ············ 197

一、讲述：青春，各自精彩················ 198
二、故事：青春绽放在广阔天地·············· 199
三、编辑视点：寻找不一样的人生············· 224
四、背景知识：西藏青年各行各业显身手·········· 225

后　记 ················· 227

前　言

西藏是一个神秘而令人向往的地方。在国人最想去的旅游目的地中，西藏是绝对排在前几位的。蓝天白云，美丽的布达拉宫，虔诚的信仰，飘动的经幡……在这一组组画面中，又怎能少得了藏族人的身影呢？但是你真的了解在这片高原上千百年来繁衍生息的民族吗？或许对于很多人来说，那是一个模糊的群体背影。

深入了解一个地方，绝不仅仅是看美景，品美食，而是了解这个地方的人。藏族是怎样一个民族呢？他们拥有悠久的历史，灿烂的文化，当然还有让很多人感觉神秘的宗教信仰。这个民族曾建立起强盛的吐蕃王朝，也曾历经分裂割据、战乱不已的年代；既有飞速发展的历史时期，也走过停滞黯淡的漫长时光。近代以来，特别是1951年和平解放以后，西藏更是发生了天翻地覆的变化。

历史，归根结底是人的历史。时代的沧桑巨变也必然通过人得以最终体现。或许大家都从历史书上了解了松赞干布和文成公主，从民间传说中知道了仓央嘉措，但今天的藏族人不只是由历史和宗教影响的一群人，他们同样生活在21世纪，与我们一同享受着现代文明的浸润，拥有自己的梦想和追求，过着多姿多彩的生活。

本书就展现了这样一群当代藏族人形象。他们中有的坚守着家族几代人传承的工艺，虽然已垂垂老矣，但仍为家族乃至民族千百年传承的艺术而努力着，认真地培养着下一代；有的是在各自的领域取得了令人瞩目的成绩，但仍不忘积极认真地研究和弘扬藏民族的优秀文化；有的则是高原的年轻一代，时代为他们的生活展开了

新的画卷，提供了各种丰富的可能性……他们都怀揣梦想，并为之努力奋斗，他们连接起西藏的过去、现在和未来。他们有一个共同的名字：高原追梦人。他们有一个共同的使命：传承藏民族文化。

本书选择的几十人或许并不足以展现当代藏族人的全部风貌，但管中窥豹，可见一斑，如果能因此而对藏族人这个群体的了解有一点帮助，以供参考甚或研究，如此编辑本书的目的也就达到了。

因时间匆忙，水平有限，本书在编写过程中难免存在疏漏或不足之处，恳请广大读者不吝赐教，提出宝贵意见和建议。

第一章
凝聚民族记忆的工艺传承

唐卡、藏纸、藏香、藏刀……这片古老的高原上创造了太多太多令人称奇的艺术。有这样一群人,他们传承着千百年来流传至今的传统工艺,认真而自觉。在这种认真而自觉中,民族的文化血脉得以永久延续。

《十六罗汉》(局部)勉萨 画派 罗布斯达(摄影:胡青)

一、讲述：流传千年的民族技艺

1. 千年技艺：藏民族的智慧载体

唐卡、藏刀、藏香、氆氇、木刻、银器制品……走在拉萨的八廓街上，初来的游客一定惊诧于琳琅满目的西藏传统民族手工艺品。藏族人的心灵手巧仿佛是上天对这片雪域高原的特别恩惠在世界海拔最高的地方，他们创造出无数手工艺瑰宝。

这些精致的手工艺品无论在选材、图案的设计上，还是颜色的搭配上都极具藏民族的特色。它们是藏民族千百年来在长期的生产生活实践中创作的一门门独具魅力的艺术，是藏民族智慧的结晶。

学习唐卡的大学生（图片来源：《讲述西藏》纪录片）

藏民族的传统手工艺究竟有多少种类？似乎无人能说清。

2011年8月，一部记录藏族传统手工工艺的专著《藏族传统手工宝典》问世。全书分为11部，从金属工艺、雕刻、面具到编织、服饰、绘画、建筑，从工艺的工序、具体内容到工艺现状，全面而细致，以图文并茂的形式全景式呈现了藏民族手工业的面貌。以西藏传统藏族服饰为例，目前已知有227种，现存200余种,不同地区的服饰又根据当地的环境及生活情况而各具特色。

在相当长的历史时间里,这些民族手工艺品方便和丰富了藏族人民的生活,成为他们生活中必不可少的一部分。即使在现代物质文明极大丰富的今天,唐卡、藏香、氆氇等手工艺品在西藏仍被广大藏族百姓广泛地使用。

2. 传统手工艺的现代传承

在西藏,民族手工艺的传承主要依赖于手工艺人的父辈相传。耳濡目染的先天优势,再加上后天的勤奋与努力,让他们在一针一线、一笔一画、一刀一刻中得以延续祖先的梦想,从而让家传的手艺祖祖辈辈流传下去。

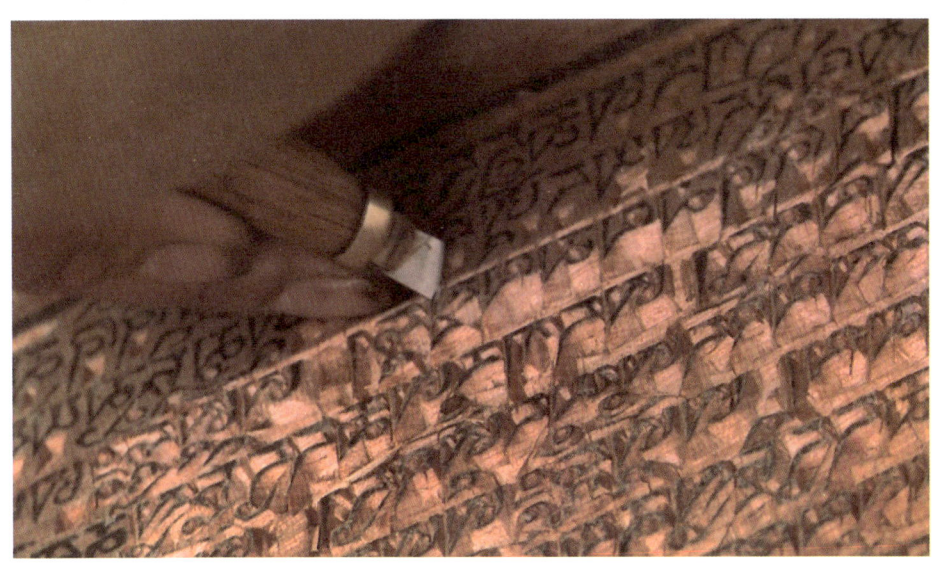

藏族雕刻技艺(图片来源:《讲述西藏》纪录片)

"爷爷传给爸爸,爸爸传给儿子,儿子再传给下一代。"如果说,过去很多手工艺传承是依靠父子这样的血缘关系来延续的话,那么今天这一传承模式正在被打破。

以唐卡为例。2013年6月26日,西藏唐卡艺术传习基地暨西藏唐卡画院成立,其主要职能是培养唐卡艺术绘画家。创立者为藏族唐卡勉萨派传承人勉冲·罗布斯达。他出生于日喀则拉孜县勉萨派唐卡世家——绒措平康家族,是勉萨派第四代传承人。早在2001年,罗布斯达便已经成立了勉萨派唐卡艺术发展中心,学员分为初级班、中级班和高级班,培养了一批勉萨派唐卡传承的新生代力量。

　　民族手工艺传承模式的改变来自国家的重视。统计显示,截至2014年,西藏各类非遗项目1000余项,其中国家级非遗项目89项。2006年以来,中央财政共投入9716万元专项资金用于西藏自治区国家级非物质文化遗产代表性项目的保护和传承。此外,还对非遗代表性传承人的传承行为给予适当补助,避免"人走艺亡"等现象的产生。

唐卡绘画技艺(图片来源:《讲述西藏》纪录片)

　　传统工艺如何焕发生机,更好地被传承?西藏不少地方已经探索出了新的发展模式。自2012年起,西藏林芝地区开始实施传统工艺文化传承与发展综合项目,开发有本地文化内涵的旅游衍生品。围巾、手包、提包、竹编、藏纸做的笔记本……这些用传统工艺做成的产品,受到消费者的青睐,一批传统工艺获得新的生机。

二、故事：民族技艺坚守者群像

1. 唐卡大师丹巴饶旦：祖孙四代的艺术传承

"我出生在唐卡绘画世家，因此从小生活在被画师包围的氛围中，由于环境的影响，很小就喜欢画画。7岁时父亲就把我送进了'甲巴康萨'——拉萨的私塾学校，11岁起我白天在学校学习，晚上在烛光下接受父亲的指导，学习唐卡绘画技法。"

丹巴饶旦教授（图片来源：中国西藏网）

"勉唐派的创始人勉拉·顿珠嘉措，由于年轻的时候和妻子不和出走，途中到了一个地方，捡到了一个笔筒，里面还有唐卡造像的范版，然后他得到启发说，可能以后就是要学唐卡。所以他继续往西走，然后到唐热县，去找非常著名的画家，叫多巴扎西，拜他为师学习唐卡。由于他努力用心地学习，很快就超过了这个老师的水平。因为他超越了师父的技艺，他想创造他自己的门派。他把新的绘画风格进行了发展，造型优美，动作变化多端，服饰上都有很丰富的表现。在佛像之后又增加了风景作品,所以风景壁画在佛教壁画中出现了。"

作为目前西藏三大唐卡画派之勉唐画派中年龄最长也最受尊敬的一位绘画大师,丹巴饶旦熟知本画派的历史,人物故事更是信手拈来。

精美的唐卡(图片来源:《讲述西藏》纪录片)

唐卡,系藏语音译,多指用彩缎装裱后悬挂供奉的宗教卷轴画,千余年前随佛教一起传入西藏。唐卡是藏族绘画艺术的杰出代表,可谓是藏族的百科全书。题材涉及历史事件、人物传记、宗教教义、风土人情、民间传说、神话故事、山川景物等。绘制工序复杂,用料考究,颜料皆取天然矿植物原料,具有色泽纯正、经久不褪等特点。目前,勉唐画派、钦则画派、嘎玛嘎赤画派、勉萨画派和墨竹工卡刺绣唐卡已入选国家级非遗名录。

丹巴饶旦1941年出生于西藏曲松,父亲和爷爷都是西藏著名的画师。

祖父:潜心研究意在改良传统藏画的"大胡子画师"

丹巴饶旦的爷爷乌钦·次仁久吴(1872—1935年),人称"大胡子画师",出生于山南艾地区一户绘画世家,13岁开始绘制唐卡,长大后加入画师行会组织"随炯"——工院,主要承担当时地方政府指定的壁画、唐卡绘制任务,先后评为乌琼、乌钦职称。1904年,他随十三世达赖喇嘛经蒙古前往北京,负责绘制沿途大事记图，学习研究了汉族及其他民族的美术。返藏后，十三世达赖喇嘛命他绘制罗布林卡、布达拉宫内的一些重要壁画。据说当他从北京返回西藏时，全身上下一套干练的蒙古装束，随身携带着大量内地的水墨画写本、毛笔、玉石质的调色板等，对其珍爱有加，连自己的子女都不许翻动，只对同道挚友偶尔示之，在同行间交流赏画心得，意在改良传统藏画。

藏钞一百两纸币的正、背面（图片来源网络）

父亲：修筑十三世达赖喇嘛灵塔，设计藏币

丹巴饶旦的父亲叫仲多·格桑罗布。在热振摄政时期参加修建十三世达赖喇嘛灵塔工程。由于师父突然去世，灵塔的总体设计和全部装饰图案的规划工作落在他和另两位乌钦（大师）肩上。经过近三年的艰苦努力，格桑罗布和他的同事圆满地完成了这一举世无双的艺术杰作。整座灵塔气势宏伟，塔面花卉图案精细丰富，疏密安排得当，风格庄重典雅，成为装饰画艺术的代表性作品之一。作为工艺美术大师，他创造了许多新的独具特色的藏民族装饰图案，亲自设计了中国地方币种之一藏钞百两和二十五两的票面，在业界获得了很大的声誉。

唐卡大师丹巴饶旦（图片来源：《讲述西藏》纪录片）

据丹巴饶旦了解，世界各地的钱钞很多为画家所设计，中国也不例外，如第二、三、四套人民币的彩稿设计，是聘请中央美术学院和中央工艺美术学院的专家罗工柳、侯一民、周令钊等为主完成的；第五套人民币的百元券主席像原稿的素描稿由西安美术学院院长刘文西创作完成。作为新中国成立前中国地方独具特色的地方币种之一，藏钞的设计也是由专业画家来完成的。纵观整个幅面，仲多·格桑罗布设计的藏钞图案在保持花边、花球为框的传统设计形式的同时，画面中精心加入"和睦四瑞"、"八吉祥"、亭台楼阁、宗教人物等藏族传统图案，既增加了钞票的防伪功能又富有浓郁的地域民族特色。

说到父亲设计绘制的藏钞图案，丹巴饶旦笑着说："虽然父亲亲手设计绘制了面值最大的一百两藏钞，但那时我们几个孩子身上却经常找不到几块铜板。那时候，赶时髦的贵族少爷们喜欢骑着自行车，身上穿一件崭新的白绸衬衫，衬衫的口袋上面露出几张百两大钞招摇过市，我们穷人家的孩子是很羡慕的。"

丹巴饶旦：西藏首位传统绘画硕士生导师

丹巴饶旦出生于绘画世家，11岁时从师于父亲。

"我出生在唐卡绘画世家,因此从小生活在被画师包围的氛围中,由于环境的影响,很小就喜欢画画。7岁时父亲就把我送进了'甲巴康萨'——拉萨的私塾学校,11岁起我白天在学校学习,晚上在烛光下接受父亲的指导,学习唐卡绘画技法。学习过程很辛苦,每天要上近13小时的课,一个月下来最多只有两三天的休息时间。也许是天资,也可能是受环境的影响耳濡目染,我轻松地掌握了各阶段的绘画技术,特别是上色技巧,没怎么学习就已经学会了,可能就是因为平常家中除了父亲之外,还有许多父亲的学徒和雇佣的画师在绘制唐卡,经常看他们上色也就自然看出了门道。15岁我就完成了学业,并且能够独立承担各类唐卡的绘制工作。学成唐卡绘画技法后,父亲把我送进了色拉寺学习佛经和佛像度量经理论。"

丹巴饶旦在首届北京品众西藏油画展上展示的作品之大威德金刚(图片来源:品众文化)

丹巴饶旦是西藏首位传统绘画硕士生导师,国家级非物质文化传承人。

丹巴饶旦教授学生学习唐卡(图片来源:《讲述西藏》纪录片)

"我是1980年被调入当时的西藏师范学院格萨尔研究所的,我的工作是参与格萨尔研究并绘制插图。1985年我被正式转入现在的西藏大学艺术学院,当时叫文体系。随后成立了藏族美术教研室,只有三名教师——我和我的两个徒弟,从此我走上了大学美术教学的讲堂。可能是缘分,我在教学过程中从未有过厌烦的情绪,我非常喜欢教师这个职业,常常沉醉在其中,能够把藏族传统美术设置到大学专业课程中,在藏族美术史上可以说是一件重要的事情,具有重大意义。"

从历史上看,唐卡画师是家族传播,由父亲传给儿子,再往下一代传。20世纪80年代后,这种传统的传承模式完全打破了。丹巴饶旦从80年代开始招收弟子。在家庭私塾的环境中,主要传授唐卡的技法。私塾教育主要强调技艺的传承。因为如果这些弟子毕业后不掌握扎实的技能,就很难在社会上生存。截止到2010年,有100多个学生跟随丹巴饶旦学习、毕业,其中将近 60 多人完全掌握唐卡画的技能，而且能够独当一面。

丹巴饶旦自编教材授课（图片来源：《讲述西藏》纪录片）

丹巴饶旦目前已出版《门岭之战》、《松林之战》、《仙境九行占卜》等，编写了《西藏绘画教材——实践精华》等。1999年第二届华人艺术大奖赛中作品《十八罗汉之一阿氏罗尊者》获国际荣誉金奖。作品被世界各地一些重要艺术机构和个人收藏，享有"世界杰出华人艺术家"荣誉称号。

丹巴饶旦是西藏第一位唐卡画家出身的大学专业美术教授，他的儿子也是一位美术教师，在拉萨师范专科学校工作。

说到祖孙几代人在专业上的造诣，丹巴饶旦认为，祖父一生从事唐卡、壁画绘制工作，是一位典型的藏族传统画家；父亲一辈子主要从事装饰画的研究和实践，在藏族工艺美术的发展方面做出了贡献；而自己和儿子到目前为止，主要从事藏族美术教育工作。

目前，丹巴饶旦教授在家中安度晚年，并称自己现在过得是"蜜罐里的生活"，"我老头子要舒舒服服地休息，享受晚年的幸福生活！"

2. 非遗传承人次仁多杰：传统藏纸技艺焕发新活力

从谋生手段到文化符号，藏纸和造纸艺人的身份地位于悄然间发生着巨大的变化。2006年5月，藏纸传统工艺正式被列入中国首批国家级非物质文化遗产。2009年，次仁多杰被文化部授予国家级非物质文化遗产代表性传承人。在他的努力下，从事藏纸制造的手工业者不再是简单的手艺人，而是制造和传播民族文化的使者。

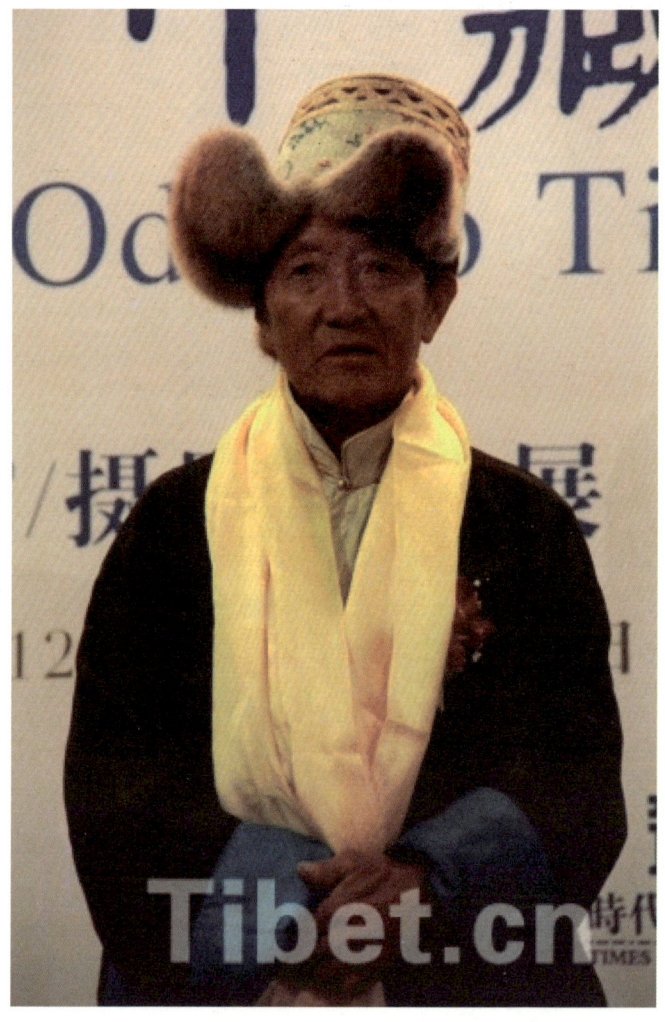

国家级非物质文化遗产项目藏纸传承人次仁多杰（摄影：朱琪）

冬日暖阳下，格桑旦增和一位老人正坐在屋门口，用一种特制的刀具将原料狼毒草的根部去皮取芯。这是制作藏纸的第一个基本步骤。

藏纸产生于公元7世纪中叶，是西藏特有的文化产品。文成公主入藏带来了造纸术后，藏汉两族的工匠们在当地没有中原造纸所使用的竹、稻、渔网等原料的情况下，经过多年摸索，生产出工艺独特的藏纸。藏纸的原料是西藏当地一种叫狼毒草的野草，藏语叫"日加"。藏纸制作一般分去芯、去表皮、水煮、捣浆、抄造等大小十几道工序。如今，藏纸已经成为西藏的民族文化符号，见证着西藏厚重的历史和现代文明的进程。

"西藏的历史是记载在藏纸上的。"尼木雪拉藏纸是西藏传统的三大藏纸之一，因为原料采用狼毒草，不怕鼠咬、虫蛀、不腐烂、不变色，所以被广泛应用于宗教典籍、官方文件及契约的书写和印刷。布达拉宫和一些寺庙的经卷很多采用的就是尼木藏纸。

格桑旦增出生于著名的雪拉藏纸产地——尼木县塔荣镇雪拉村。父亲次仁多杰是国家级非物质文化传承人。"爷爷传给爸爸，爸爸又传给我，我还要传给我的儿子，藏纸工艺一定要传承下去。"作为家族藏纸工艺的继承人，格桑旦增身上的责任感特别强烈。

1951年，次仁多杰出生于尼木县塔荣镇雪拉村著名的造纸世家，是家族造纸技艺的第三代继承人。1959年，年仅8岁的次仁多杰开始跟随父亲学习藏纸制作。"当年整个雪拉村有16户人家在做藏纸，大多是迫于生活压力，把制作藏纸当作一种谋生手段。"

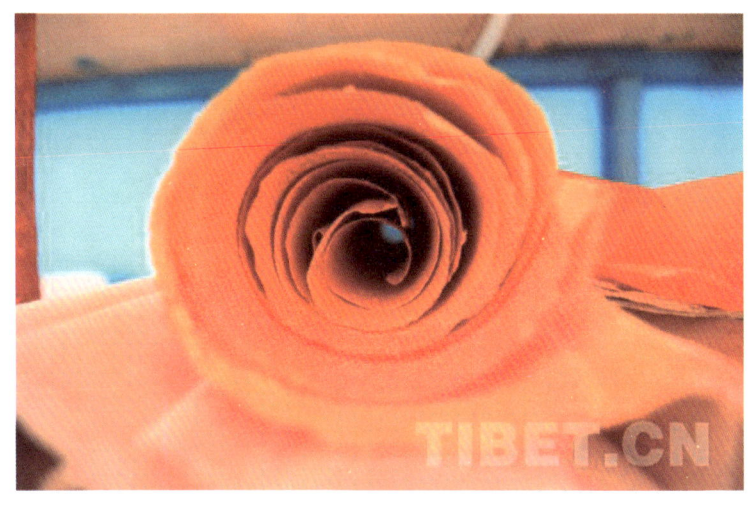

藏纸并不局限于白色 （摄影：姚浩然）

尼木藏纸距今已有1300多年的历史，曾经享誉区内外，至今盛名犹在。作为尼木藏纸的主要产地，塔荣镇雪拉村曾经有不少人家以制作藏纸为生。

但好景不长，随着各地纸制品进入西藏，尼木县开始工业化生产纸制品，工艺烦琐、劳动力消耗大、产量低的传统藏纸失去竞争力，雪拉村很多人选择外出打工不再做藏纸，次仁多杰家曾一度停止生产藏纸。迫于生计，次仁多杰只好去学了3年木匠，还做了13年的大队会计。生计的问题暂时解决了，但心里却始终有一种责任感在时刻提醒他：一定要把家传的藏纸技艺传承下去。

国家级藏纸传承人次仁多吉（摄影：胡青）

在跟随父亲次仁多杰学习藏纸制作的同时，儿子格桑旦增也在学习木工。最苦的时候，他和父亲打酥油桶，卖到日喀则，以此解决生计问题。大概经过了五六年的样子，最终，"藏纸在心里战胜了木工"，格桑丹增和父亲做出了同样的选择。

1985年，西藏自治区档案馆为修复西藏古籍，需要大量的藏纸。他们找到了次仁多杰，并和他签订了为期18年的藏纸供应合同。正是这次机会，次仁多杰对藏纸的信心被重新唤醒,在全家的支持下,次仁多杰重拾几乎失传的藏纸生产工艺,决心将藏纸技艺和产品传播到更远的地方。

现实问题摆在了次仁多杰的面前。"藏纸原料是西藏当地产的一种叫狼毒草的野草,藏语叫'日加'。因其外皮微毒,柔韧性极佳,具有防腐、防蛀、耐磨等特点,是制作藏纸的绝佳材料。但由于狼毒草散漫地生长在山野湿地中,而且只能在每年的6、7月采集,费时费力,且报酬低,几乎没有人愿意到野外去采集狼毒草。"

令次仁多杰头疼的是人员的雇佣。"我们需要特别能吃苦的人。做藏纸虽然不是体力活,但是需要一个较长的过程。"格桑旦增说。因为狼毒草有毒,刚开始时,做藏纸的人脸上会过敏、长痘,眼睛也不舒服,很少有人能吃这样的苦。更为关键的是,藏纸尽管成本高,因此售价高,但销量低,收益也不高。既苦又赚不到什么钱,自然没有多少人来做。

次仁多杰研发的新产品:藏纸灯罩(摄影:朱琪)

原材料匮乏，人手不足，产品单一、工艺烦琐、销路狭窄……次仁多杰坦言，就像"摸着石头过河"，每天都在不断地发现问题，解决问题。没有狼毒草，他就带着自己的两个儿子格桑旦增和罗琼上山采集，或者四处求购；销路不畅，他就创新生产理念，转向旅游市场寻找生机；产品单一，他就在传统藏纸的基础上研发藏纸着色技艺，并开发中间夹带牛毛或花草的藏纸，用来制作藏纸灯罩、笔记本、雨伞等旅游工艺品。

藏纸制作的笔记本（摄影：姚浩然）

"以前，藏纸的主要用途是佛教典籍、公文公函，档案管理等。而西藏旅游业的迅猛发展，成为促进藏纸转型、市场化的重要契机。"2007年，次仁多杰开始转向旅游市场，他研发出的12种工艺品很受国内外游客的欢迎。次仁多杰的经营理念和制造理念也在不断更新，"民族特色更加突出，制作工艺更加细腻，产品种类更加丰富，才能吸引更多的人，才有机会将藏纸技艺和产品传播出去"。

从谋生手段到文化符号，藏纸和造纸艺人的身份地位于悄然间发生着巨大的变化。2006年5月，藏纸传统工艺正式被列入中国首批国家级非物质文化遗产。2009年,次仁多杰被文化部授予国家级非物质文化遗产代表性传承人。在他的努力下,从事藏纸制造的手工业者不再是简单的手艺人,而是制造和传播民族文化的使者。

次仁多杰藏纸作坊的展览室 (摄影:姚浩然)

如今,次仁多杰和两个儿子经营着一家藏纸作坊。旺季时,作坊能达到十几人的规模,工人多是来自周边村镇的年轻人。而且,越来越多的村民农闲时去野外采集狼毒草,再卖给次仁多杰。这在一定程度上解决了原料不足的问题,给乡亲们带来收入的同时,也让他有更多精力投入藏纸生产和新产品开发中。

随着西藏旅游业的发展,藏纸这一民族文化瑰宝,以其独特的文化与典藏价值,开始受到国内外游客的喜爱。2011年,西藏尼木县建成了扶贫开发手工艺园,次仁多杰作为县里唯一的藏纸家庭式作坊,免费拥有一处200多平方米的场地。同时,政府还专门提供了非遗传承资金和藏纸工艺展示厅,供他向游客们提供藏纸产品、进行工艺演示。

"国家对民族文化的重视、政府对藏纸技艺的大力扶持,是藏纸传承和创新的基础和保障。"次仁多杰惊喜地看到,他家祖传的尼木藏纸技艺有了新活力。

3. 龙日江措和他的"优·敏芭藏香"

尼木藏香远近闻名,有五百多个家庭作坊在做藏香,以一家一户为单位,平时种地,闲时做香。"仅仅是家庭作坊而已,没有形成品牌意识,也不注意保护自己的品牌。"国外9年的经商经历,让龙日江措看到了古藏香发展的局限性。江措开始导入藏香标志概念,并实行产权保护,引入现代化管理模式,将家族企业整合完善,逐渐形成品牌化。

优·敏芭藏香的第九代传承人优格仓·龙日江措对古藏香的未来发展充满希望(摄影:王舒)

西藏有三大藏香:尼木藏香、优·敏芭藏香和敏珠林藏香。

藏香是藏传佛教在宗教仪式中使用的一种香,源于藏族先民的原始祭祀活动,相传是吞弥·桑布扎发明的,已成为西藏文化的一部分,凝聚了藏文化的精髓。藏香通常使用柏树泥为原料,以藏红花、麝香、白檀香、红檀香、紫檀香、沉香、豆蔻、穿山甲、甘菘、冰片等几十种香料为辅料,炮制成粉状,

尼木县吞巴村是西藏久负盛名的藏香产地（图片来源：《讲述西藏》纪录片）

再用水调和成香泥，通过手工和用牛角制作的工具将香泥挤出成条状，阴干制成的。2008年，藏香制作技艺被列入国家级非遗名录。

龙日江措是有三百多年传统的优·敏芭藏香的第九代传承人，优·敏芭藏香出自安多藏区阿哇的优格仓家族，龙日江措就是这个藏医家族的后代。

家族代代传承，让龙日江措保留了对古藏香制作工艺严谨的执着。已在全国各地散发出静谧清香的优·敏芭藏香，让龙日江措有了更大的计划。"了解藏香的人越来越少，所以我们需要更加现代的观念来引导。"

与格巴大掘藏师的一段法缘

"优"为优格仓家族姓氏缩写，用以代表该家族传承已久的造香技能；"优"又与西藏医圣宇妥·云旦贡布大师的姓氏相合，用以象征西藏医学所呈现的追求自然疗理、祛病强身的健康理念；同时，"优"又与汉文"优质"、"优秀"等词语不谋而合，表达了注重品质的品牌精神。"敏芭"则为藏语药香的谐音。

追根溯源，优·敏芭这个经典传奇最早可追溯到1678年。

手工制作的尼木藏香（图片来源：《讲述西藏》纪录片）

1678年，因雅砻洛扎地区遭受疾疫之灾，格巴大掘藏师与优格仓家族先祖结成法缘，并首创"优·敏芭"佛家藏香，为百姓祛病渡厄。随后的百年多时间内，优格仓家族先祖努力精进，建立生产体系，发明特殊工具与制作方法，并完善了古法古技。此时，优·敏芭古藏香开始从洛扎地区向蒙藏地区流布，而且影响延及僧众两界，成为雪域百姓日常朝佛及保健防疫与养生用香。

在优格仓第七代传承人、著名藏医学家优格仓·洛尔甲的发展下，优·敏芭古藏香被提升到了一个新的高度，香品种类和质量有了更进一步的提高，使该香在除卫藏地区生产外延至安多地区。

由于十年荒芜，优格仓家族造香一度中断。21世纪之初，第九代传人优格仓·龙日江措着手复兴其家族传承已久的造香技能，从最初仅有3人的家庭作坊，现已发展成占地60多亩地、二三期正在建设中并拥有60多名制香工人的"优·敏芭香业基地"。

优·敏芭藏香部分展示（摄影：王舒）

历经 300 余年发展，优·敏芭作为母品牌，现已发展出了包括"优·敏芭"、"美智敏芭"、"尼木芒氏"、"优格仓"、"噶旦"等知名子品牌，占有西藏近 11 成、国内近九成的藏香市场，并远销至台港澳地区以及东南亚、日本、韩国、美国等国家。

"味道不对的香，佛会感知到的"

优格仓·龙日江措说，好藏香的标准是原料精纯、手工制造、香味纯正、余味不散、香灰烬少。"好的藏香，能使人心神安定，崇佛之心油然而生。"

而好藏香制作的关键则强调两点——纯天然原料和纯手工制作，但真正做到这两点并非易事。

按照古法记载，藏香的原料应该百分之百是天然动植物，且大多产于高海拔，稀有而名贵的物种。光看那些名称便可让人心动：藏红花、小杜鹃、紫檀、沉香木、甘松、乳香、冰片、豆蔻、麝香、穿山甲……还有矿物颜料，在古老的配方中，珊瑚、绿松石、珍珠等磨粉做颜料是很昂贵的。追求效率和效益的市场大环境下，纯手工制作似乎也不能满足市场需求。

对于龙日江措来说，事情却简单得多。"我只需收集那些天地万物的自然气味，将之精炼提纯。味道不对的香，佛会感知到的，佛要的是原汁原味的香。"

工人正在用牛角挤制古藏香（摄影：王舒）

在优·敏芭香业基地的制香厂房内，有一股原材料散发的怪味。江措说，正因为是纯天然植物，在扎碾过程中才会散发出这种怪味。"但成品一定是芬芳的，这就是先臭后香，越是来自天然的，才会越香。"

制香原材料多是从山南、藏北、林芝等地的老百姓手中统一收购，部分原材料是从巴基斯坦、印度、柬埔寨等地收购。穿山甲可以用加倍的极品藏红花来代替，药物的效果不变。当然，麝香已经几近绝迹了。江措说，除了这些不可抗的因素，配方与制作全过程严格地遵循古法古方。

优格仓企业有着自己的可持续发展战略，"对部分原材料，我们实行自我种植，并设有试验种植基地，一面培植，一面利用，循环不断。"

优·敏芭藏香提倡人与自然和谐，所有包均可循环利用（摄影：王舒）

龙日江措追求人与自然的和谐，除了在原材料上的可持续发展外，还体现在优·敏芭古藏香的包装上。产品外包装均采用可再生资源的材质，尤其是精美且藏味浓郁的外观设计，使得这些包装容器可循环使用。

拥有近500种配方

优·敏芭藏香基地内，工人正在垒放藏香晾晒板（摄影：王舒）

和早年间"满脑子都是赚钱"相比，现在的龙日江措只想"把古老制香技术传承和发扬"。

这其中最关键的就是香方。原有传统香方已不能满足现代市场的需求，而民间香方又零落地分散于各地。香方问题成为古藏香发展的拦路虎。

朋友们说，江措把所有精力都放在藏香上了，在尼木无人不知江措这个人。

刚开始做藏香的时候，江措跑遍山南寻找香方，用了两年时间去整理各种香方。现在，他每年还要去各地收集香方。"其中一个香方，江措硬是花了两年时间才收拿到。"对于江措寻找香方的坚持，朋友这样说。

收集到的香方，江措坚持在传统配方的基础上进行创新，每种配方都会请藏医专家研究并完善，"藏香不但与宗教有关，它与现实生活更是紧密结合，是对现代高压生活的一种解脱放松，必须与时俱进"。

目前，优格仓企业拥有近500种配方，投入生产的有200多种，其中最珍贵的是已有1380年历史的古老配方。

"藏香这个产业非常大"

尼木藏香远近闻名，有500多个家庭作坊在做藏香，以一家一户为单位，平时种地，闲时做香。"仅仅是家庭作坊而已，没有形成品牌意识，也不注意保护自己的品牌。"国外9年的经商经历，让龙日江措看到了古藏香发展的局限性。

江措开始导入藏香标志概念，并实行产权保护，引入现代化管理模式，将家族企业整合完善，逐渐形成品牌化。

藏香已开始走向产业化（图片来源：《讲述西藏》纪录片）

"藏香产业，已经开始从制造产品向构建品牌转型。"龙日江措说。作为西藏龙头企业、西藏著名商标，优格仓企业现已发展成为西藏最完整的品牌连锁。

除了在品牌打造方面下足工夫外，优·敏芭古藏香还在全国各地开设专卖店，建立起一套专属的销售网络。"我们在拉萨有4家专卖店，在北京、上海、深圳、台北、成都、珠海、大理、厦门等地都有专卖店，在马来西亚、日本、西班牙、美国也有销售点，销售状况很好。"龙日江措说，"为什么我们的价格能卖到每盒两三百元，除了产品本身质量和成本，对品牌的营销也为我们带来了直接的经济效益。"

对于最初仅仅是想恢复藏香文化的江措来说，实际做了之后才发现，"藏香这个产业非常大"。在优·敏芭的专卖店里，除了各种品种的藏香外，还有制作精美、古色古香的焚香香器，藏香水，藏纸等产品。

江措说，今后将要研发制作藏香产业上下游的配套产品，以期形成完整的产业链条。

4."萨迦面具"老艺人扎西：不再担心技艺失传

扎西的手艺远近闻名，慕名前来拜师的人不少。扎西收徒弟有自己的一套考核标准，"最重要的还是对萨迦面具的兴趣"。"以前我很担心这个技艺会失传，现在放心了，徒弟们都掌握了方法，可以独立完成面具制作了。"

扎西制作的萨迦面具，大大小小，种类繁多（摄影：田春艳）

扎西和他制作的"长寿老爷"面具,这种大号面具一般是挂在房柱上作为饰物(摄影:田春艳)

初见扎西,他的耳廓上还夹着两根细细的画笔。掀开门帘,只见"萨迦五祖"面具、魔女"巴姆"面具、主神"格巴多吉"(喜金刚)面具,还有"长寿老爷"等面具摆放在大厅四周。

面具,在我国藏区,藏传佛教寺庙神舞和藏戏、民间舞蹈、民间祭祀活动中所使用的面具,在藏语中称之为"芭"。萨迦面具,在藏语中叫"热盾木芭",即"胶布面具"。萨迦是历史上萨迦王朝的发源地,萨迦寺是藏传佛教四大教派之一萨迦派的祖寺,现存各类文物近10万件,有"第二敦煌"之称。萨迦面具特指在萨迦寺宗教仪式中跳神表演所戴的面具和藏戏面具,它自成体系,是在西藏萨迦本土文化与外来佛教文化相互融合的基础上逐渐形成的。藏族面具不仅是藏族传统工艺美术的重要分支,同时也是藏族造型文化的重要组成部分。

从12岁开始学做萨迦面具,扎西已经整整做了36年。"我是从父亲那里学的手艺,祖祖辈辈都是做面具的。"扎西的父亲已经78岁(2011年)了,现在仍在制作面具。

扎西的父亲名叫拉木锁桑珠，萨迦面具制作传承人。桑珠在民主改革之前是一位"差巴"，12岁时便开始学习面具制作，他能做的萨迦派面具种类达到3000多种，自己创造的面具达200多种，被当地人称作萨迦派面具的"活化石"。

父子两人曾双双荣获日喀则地区农牧民手工业"十大能工巧匠"荣誉称号。

萨迦面具多为立体脱膜圆塑，先用泥塑好模型后，在外表层糊以草纸或布片成形，然后扣出泥模着色彩、上光漆而成，局部饰件则采用镶嵌、组装的手法，以达到面具整体的完美统一。

扎西正在绘制泥塑面具，此类面具主要是摆放在寺庙内（摄影：田春艳）

萨迦面具的制作主要分三步。首先是从高山上挑选制作面具泥塑的泥巴，经过揉捏，手工做出面具模型。随后在泥塑上贴纸，待泥塑晾干后扣除面具。最后则是运用同画唐卡一样的技艺给面具着色添加饰物。

扎西介绍，制作面具的材料大部分是从山上采集的，尤其是着色使用的颜料，都是自制的，颜色可常年保持鲜艳，经久不衰。

在扎西的印象中，父辈们制作的面具更多是寺庙需求。"以前做的也少，主要是供寺庙法会跳神使用，内容也多是藏传佛教的。"

萨迦面具具有悠久的历史，在萨迦县带有宗教色彩的活动上戴萨迦本地制作的各种面具相当多，其中最独树一帜、别具一格的宗教活动，就是萨迦寺每年举办的夏季法会和冬季法会。

西藏萨迦面具从类型上大致分为宗教、民间两大类，宗教面具占主要比例。从形式上有三种，即"羌姆面具"、"藏戏面具"、"民间歌舞面具"等三种形式涵盖了西藏萨迦面具艺术全部风貌。

而现在，扎西制作的面具销往全国各地。面具内容涉及多样，在外形、大小、材质上都有了改进。以"长寿老爷"为例，传统制作都是在泥塑上进行着色即可，而扎西在原有着色基础上，将"长寿老爷"画上去的胡须改为牦牛尾巴的材质，牙齿则使用了山羊骨，如此看上去，面具更加活灵活现。

现在扎西一家主要收入就是通过制作萨迦面具，每年的固定收入就有2万多元。

扎西的手艺远近闻名，慕名前来拜师的人不少。扎西收徒弟有自己的一套考核标准，"最重要的还是对萨迦面具的兴趣"。现在，他有三个徒弟，学艺的时间已达10多年。扎西说，他的儿子年龄虽小，但也是制作面具的高手。

"以前我很担心这个技艺会失传，现在放心了，徒弟们都掌握了方法，可以独立完成面具制作了。"

据了解，日喀则地区非物质文化遗产普查小组此前也对面临濒危的"萨迦面具"制作技艺等进行了认真细致的普查和收集，为"萨迦面具"申报西藏自治区非物质文化遗产项目奠定了坚实的基础。

5. 普达瓦：千百次敲打中 藏刀舞出一片天

"我一度担心这门技艺的传承问题，因为在传统中，这是门传男不传女、传内不传外的技艺。由于在老观念里，我们是黑骨头人，低人一等，于是就只能传给有血缘关系的人，谢通门县的卡嘎藏刀，就是师承于此。如今儿子多吉占堆学会了这门手艺，我就放心了。"

普达瓦展示藏刀展品 （摄影：胡青）

西藏日喀则地区拉孜县拉孜镇拉孜村85号，鲜红的大门里不时地传出"叮叮当当"的铁器敲打声，54岁（2011年）的普达瓦盘腿坐在他不足20平方米的工作间里，全神贯注打磨着已经成型的藏刀。

当中原的冷兵器已埋进岁月之中时，藏刀仍然作为特有的装饰品活跃在整个青藏高原。从最初的生产生活和自卫需要，到后来的装饰，藏刀贯穿了整个藏民族的历史。

广袤的青藏高原地广物博，不同地区的人们在漫长的岁月中养成了自己独特的生活习惯，藏刀类型也随之百花齐放，分别有拉孜藏刀与通门藏刀、林芝地区的易贡藏刀、安多地区的当雄藏刀与玉树藏刀以及康巴地区粗犷豪放的大型康巴藏刀。

其中拉孜藏刀是拉萨及日喀则地区最为著名的"品牌",有产于日喀则地区拉孜县孜隆乡的孜龙刀与产于老拉孜镇的拉孜藏刀两个品种。孜龙刀入选国家级非物质文化遗产名录,其传承人次旦旺加也被定为国家级传承人;拉孜藏刀则获选西藏自治区级非物质文化遗产名录,传承人为普达瓦。

普达瓦是拉孜村藏刀技艺的第六代传承人。院子里,普达瓦为自己设置了一个半开放式的"工作间",一只火柴、一把干草、一些木炭,加热炉很快就红火起来。

"做一把藏刀出来,要经过刀鞘的制胚、焊接、加固、定边、刻花、上色、刀刃锻造、锉磨、抛光等13道工序。"普达瓦轻轻擦拭着打磨发亮的刀刃,小心翼翼摆上台架,并细致地解释着刀上的每一处刻纹。如刀刃上刻着的藏文,是由订刀客户的名字翻译过来而成。

普达瓦做藏刀的技艺可以追溯到300多年前的先人"汤木确多拉巴",据传,当年汤木确多拉巴加工的藏刀异常锋利,刀刃要用牛皮包裹三层,才能避免伤人。

藏刀工艺传到普达瓦这一代,已经是他家族第六代。15岁那年,普达瓦拜父亲为师,正式开始学习藏刀制作。他的儿子多吉也从18岁时开始学习藏刀制作。今年26岁的多吉成为第七代传承人,义不容辞地当起了普达瓦的助手。

藏刀工艺传承人普达瓦在制作藏刀(摄影:饶春艳)

普达瓦使小锤,担任指导,多吉占堆抢大锤,跟随父亲的指示"指哪儿打哪儿","叮叮当,叮叮当",父子俩合作默契,不多时,烧红的铁条被锻打成刀刃的雏形。普达瓦单独修刃时,多吉占堆就把刀鞘绑定在木构件上,定边,勾花,一锤锤地敲下去,平整的刀鞘上,渐渐呈现出立体感的花朵,颇有其父亲的风范。"多吉占堆现在已经掌握了藏刀的所有技艺,即便我不在家,他也可以独立完成制作",普达瓦说。

藏刀在西藏不同历史时期扮演着不同的角色,当地政府官员说,1904年西藏人民抗击入侵英军时,拉孜藏刀作为武器向战场供应。如今,藏刀是游客钟爱的旅游纪念品,2006年,根据市场需求,普达瓦不仅继承了既有的藏刀制作技艺,还开创了龙、凤、虎、狮和锦花图案的雕花工艺,他制作的藏刀更加美观抢眼,销量大增。

普达瓦打的藏刀(摄影:饶春艳)

"现在要想买到普达瓦的藏刀，必须预订。"同行的平措说，"现在订做藏刀要以寸论价。以 18 厘米长的藏刀为例，白铜质地的需要 110 元，银子质地的则需要 450 元。"为了能买到真正的拉孜藏刀，很多游客在进藏之前就在网上搜集相关信息，来到拉孜后，就登门购买。"因部分游客购买量较大，一时无法满足，就留下电话和地址，等做好后邮寄过去，"普达瓦说，"而且应顾客要求，还可在刀刃或刀鞘上刻上指定的名字。"

制作藏刀给他一家每年带来了四万到五万元的纯收入。作为一个旧西藏被称为"贱民"的铁匠，普达瓦如今的藏刀工艺传承，既受到了国家的政策支持，也成为备受尊重的职业。

然而遗憾的是，在街面上已经出现了仿冒的拉孜藏刀。无奈之下，普达瓦在刀刃上刻上"西藏"，刀柄上刻上"拉孜"和"藏刀"的藏文字样用以防伪。

说起心事，普达瓦说："我曾经一度担心这门技艺的传承问题，因为在传统中，这是门传男不传女、传内不传外的技艺。由于在老观念里，我们是黑骨头人，低人一等，于是就只能传给有血缘关系的人，谢通门县的卡嘎藏刀，就是师承于此。如今儿子多吉占堆学会了这门手艺，我就放心了。"

十世班禅大师在 80 年代时曾来过这里，对普达瓦说，一定要把民族技艺传承下去，不能让传统民族技艺断代失传。类似的叮嘱，被收录在初一藏语文课本里，成为很多人的共同记忆，普达瓦对此更是铭记在心。

如今，普达瓦的孙子也已经到了上学的年纪。"先让他读书到初中毕业，然后回到家里学习做藏刀的技艺，有文化了，与外界的交流和沟通就更加方便了，想必可以更好地继承和发扬这门手艺，相信他能比我们这些父辈做得更好。"普达瓦说。

6. 工布"毕秀"传承人巴鲁的心愿

"过去只有贵族和高僧能玩的东西，如今平民也可以玩了。最明显的变化就是有越来越多的人知道'毕秀'是什么了。购买的人群中，有内地游客，也有外国游客。"巴鲁曾经通过北京商人将"毕秀"卖给了美国人、瑞士人等外国人士，"毕秀"漂洋过海走出了国门。

工布"毕秀"传承人巴鲁（摄影：姚浩然）

各式各样的"毕秀"摆放在展厅架子的最上端，墙上挂着传统的竹弓箭。这些"毕秀"绝大部分是巴鲁做的，竹制弓箭则是他走村串户从农户家中搜集来的。

这里是西藏林芝米林县城中心街上的米林工布"毕秀"制作技艺系列产品专卖店，店主是巴鲁，县中心小学藏语教师。

工布"毕秀"也叫工布响箭，"毕秀"是响箭的藏语发音，是一种射出后可以发出悦耳声音的箭头。响箭箭头是木质圆锥体，上面钻了 4 个小洞，箭在飞行过程中，空气穿过小洞，发出啸声。

以前工布人民世世代代居住在深山老林，祖祖辈辈以放牧、打猎、砍树为生，慢慢衍生出"工布响箭"，并成为庆祝丰收、迎接新年等重要节庆活动中必不可少的竞技活动。目前，响箭已经成为林芝工布地区一项体育、娱乐活动。2007 年，米林县申报的工布毕秀制作技艺被列入西藏自治区级非物质文化遗产名录。

巴鲁说关于"毕秀"的起源有两种传说，一种认为"毕秀"最早起源于工布王阿吉杰布时代，是战场上的通信工具，用于传递信息。另一种传说则与藏族的方向有关。在藏族人民眼中，南方代表极乐世界，北方则代表妖魔鬼怪出没的地方。所以，在射箭时人会面朝北方，射出的箭所发出的声音可以震慑北方的魔鬼，使其不敢前来。

一个个"毕秀"都是一件件艺术品（摄影：姚浩然）

"毕秀"有1500多年的历史，广泛流传于工布地区的米林县和林芝县一带，并逐渐发展成特色民间体育运动项目，深受当地人们的喜爱。在农村，"毕秀"是老百姓劳作之余的一项运动，遇到重大节日时，他们会盛装打扮，进行射箭比赛。在城镇，也可经常看到机关、学校等单位在业余时间玩上一把"毕秀"。

早在20世纪80年代，巴鲁还在米林县扎西绕登乡工作的时候，他就发现当地有人在玩"毕秀"。20世纪90年代，有一位亲戚向巴鲁提出要一对工布"毕秀"。巴鲁到处去找，拿钱也买不到，这可急坏了他。一个偶然的机会，他发现邻居会做"毕秀"。于是，巴鲁几次登门拜访，终于得到机会向邻居学习"毕秀"制作工艺。

巴鲁没想到的是，以后会与"毕秀"这项传统工艺结下不解之缘，一做就是20多年。

挂在墙上的传统竹弓箭现在已经很少见了（摄影：姚浩然）

"毕秀"制作非常讲究。选料方面，木材必须是林芝地区特有的花木树，木质较硬，射出去的声音更响亮。而"毕秀"是否美观，与所选木材的花纹也有关，当以纹路清晰、精美的花木树为上等原料。此外，在制作方面也需娴熟技巧，"毕秀"的厚度、轻重、比例要恰到好处，如此发出的声音才能温和悦耳。

掌握这门手艺并不简单。巴鲁利用课余和寒暑假期间，前后学习了两三年，制作"毕秀"才熟练。

本是一名教师的巴鲁对"毕秀"有着特殊的感情。"林芝特有的手工艺，不能失传。"巴鲁指着展示架上的各色"毕秀"说，"制作的同时售卖，不但增加了收益，也让更多的人了解了'毕秀'是什么，这对于它的传承是有益的。"

巴鲁还会利用课余时间去米林县技校上课，将"毕秀"的制作技艺传授给技校学生。有时，他还会对前来店中问询的农牧民进行技术指导。除此之外，巴鲁还经常跑图书馆查询关于"毕秀"的文字记载。甚至有一次为了搞清楚"毕秀"的历史由来，巴鲁特意跑到甘丹寺，向一位80多岁的高僧找寻答案。

制作毕秀的工具和木材（摄影：姚浩然）

巴鲁一直笑称自己是业余的"毕秀"制作人。事实上，在西藏自治区级非物质文化遗产项目"毕秀"制作工艺中，巴鲁是林芝地区唯一一位传承人。

2007年"毕秀"制作工艺入选西藏自治区级非物质文化遗产名录。2010年，巴鲁成为"毕秀"制作技艺传承人。

2012年，拉萨举办首届自治区非物质文化遗产成果展，工布特色工艺"毕秀"参展。在第七届少数民族运动会上，工布毕秀作为西藏参赛项目成为全场亮点。

谈到这些年来"毕秀"的发展，巴鲁感触很深，西藏人民生活得越来越好，文化生活也越来越丰富。"过去只有贵族和高僧能玩的东西，如今平民也可以玩了。最明显的变化就是有越来越多的人知道'毕秀'是什么了。购买的人群中，有内地游客，也有外国游客。"巴鲁曾经通过北京商人将"毕秀"

卖给了美国人、瑞士人等外国人士，"毕秀"也漂洋过海走出了国门。

靶心"玛尔蒂"（左）与响箭"毕秀"（摄影：姚浩然）

就要退休的巴鲁生活重心依然是"毕秀"，他笑着说："退休后，制作毕秀、查找资料，时间都充裕多了。"而巴鲁一直有一个心愿，希望将来在国内体育比赛项目中，甚至国际体育比赛项目中，工布"毕秀"能成为其中的一个参赛项目。

三、编辑视点：那些散落在民间的手工艺人

"尼木三绝"之普松雕刻 （摄影：胡青）

　　西藏传统民族手工艺历史悠久，其传承与发展都凝聚了无数手工艺人的心血和智慧。他们在坚守中创新，在创新中发展，走出了自己的一片天地。

　　唐卡大师丹巴饶旦出生在唐卡绘画世家，祖孙四代传承唐卡艺术。与祖父和父亲不同，他打破了父辈相传的传统，进入高校，成为西藏首位传统绘画艺术硕士生导师，毫无保留地把毕生所学传承给下一代。

　　藏纸传承人次仁多杰在困境中坚守，"摸着石头过河"，不断发现问题，解决问题。他在传统藏纸的基础上提高着色技艺，在藏纸中加入花草，用藏纸做灯罩、笔记本、雨伞等旅游产品，受到越来越多顾客的喜爱。

　　龙日江措是有着三百多年传统的优·敏芭藏香的第九代传承人，他复兴家族一度中断的造香技艺。在国外9年的经商经历，让他的视野更为开阔。他导入藏香标志概念，实行产权保护，引入现代化管理模式，将家族企业整合完善，逐渐打造出了名气越来越响的著名藏香品牌优·敏芭。

　　"萨迦面具"老艺人扎西 12 岁开始做面具，至今已做了近 40 年。他一度很担心这门手艺会失传。随着越来越多的人前来慕名学艺，再加上政府部门对此的重视，他的担心化为了开心，徒弟们也能开始独立制作面具了。

　　藏刀传承人普达瓦，带领儿子共同传承家族手工艺，并且凭借这这门手艺过上了富足的生活。"铁匠"，在旧西藏从事此类工作的人被称为"黑骨头"，低人一等，如今有了国家的政策支持，成为备受尊重的职业。

　　工布"毕秀"传承人巴鲁，一个偶然的机会让他接触到这门手艺。他刻苦钻研，虚心请教，成为西藏自治区级非遗项目"毕秀"制作技艺林芝地区唯一一位传承人。

　　其实，在他们的身后还有一大批籍籍无名的手工艺人。

　　民间的土壤孕育了藏民族灿烂的历史与文化，也在民间艺人的手中焕发出勃勃生机。

　　如果有幸走入西藏的乡间，你一定会被那些手工艺人的坚持所打动。他们心灵手巧，淳朴善良，眼界宽，心眼活，懂得开拓创新，懂得将传统与现代融合。更难得可贵的是他们明白自己肩上的责任，他们果敢坚毅，内心有坚持，并把这种坚持体现在实际行动中。那一句句"要将祖传的手艺传承下去"的信念，是他们对手工艺传承的誓言，也是他们遇到困难时的勇敢之源、力量之源。

　　在西藏，诸如藏香、藏纸、藏刀等民族传统工艺，并不是橱窗里的展览品，而是渗透在普通百姓生活里的艺术。那些散落在民间的手工艺人，在一笔一画中，在一刀一斧中，将祖先的智慧一丝不苟地继承下来，又弘扬开去，在更广阔的天地中开花结果。

四、背景知识：西藏的民族手工业

八廓街琳琅满目的藏族饰品 （摄影：洛桑阿铁）

藏族传统民族手工艺和手工业既是西藏传统三大产业之一，又是藏民族传统文化延续和继承的摇篮。西藏的民族手工业具有悠久的历史和独特的工艺，每一种工艺的开发、发展、继承都凝聚着高原人民的聪明和才智，藏族同胞在艰苦的自然环境中创造的文明，体现在生产生活、宗教信仰、民俗风情各个领域中，是世代积累的经验和文化的结晶，以其深厚的藏文化底蕴和独特的藏民族风格，成为宝贵的中华民族文化瑰宝。

西藏民族手工业产品按用途可分为民族特需品（包括藏民族生产、生活用品和宗教用品）和非民族特需品（民族工艺品和旅游纪念品）。其中，拉萨是西藏民族手工业发展规模最大、品种最齐全、贸易最集中的地区。拉萨市民族手工业产品以编织（藏毯）、雕刻（木雕、石雕、藏式家具、古建）、金属（金银铜器、藏刀）、绘画刺绣（唐卡）、藏服、藏香、藏纸、帐篷、宗教旅游用品等九大系列17类手工业品为主，其中以藏毯、唐卡、藏香、金

银铜器、藏刀、藏服尤为著名。

改革开放以来，随着西藏人民生活水平的不断提高以及西藏旅游业的快速发展，西藏民族手工业获得了长足发展。近年来，西藏出台了一系列促进西藏民族手工业发展的政策和措施，明确提出要"因地因时制宜，发挥优势，调动各方面的积极性，大力发展集体和个体手工业，恢复和重点发展具有西藏特色的手工业和手工艺品、名牌产品；同时，积极开发新产品，特别是适应旅游事业发展需要的各种民族手工业产品。"

一些具有浓郁民族风情和鲜明地方特色的民族手工艺品，在西藏各地形成了生产特色产品的重点区县，江孜的地毯、杰德秀的围裙、扎囊的氆氇、浪卡子的藏被、加查的木碗、拉孜的藏刀、拉萨的金银器械、仁布的玉器等，不仅在全藏区，而且在周边地区和国家也享有很高的声誉。

此外，随着21世纪中国非物质文化遗产保护工作的开展，西藏少数民族传统技艺的保护也进入一个新的发展阶段。藏族唐卡、藏纸、拉萨风筝、日喀则江孜卡垫、拉萨甲米水磨坊制作技艺等被列入第一批国家级非物质文化遗产名录中。

随着旅游业的迅速发展，一些已经停产甚至濒临绝迹的民族手工业，焕发出勃勃生机，得到了很好的发展。西藏民族手工业的明天将会更加美好。

第二章
歌舞海洋里的千年传唱

西藏被称为"歌舞的海洋"。在欢快的歌舞声中,这片古老高原上的独特声音千百年来从未停息。在民间艺人的口口相传中,藏民族的历史传唱至今。

藏戏《智美更登》(摄影:许娜)

一、讲述：世界屋脊上的独特声音

格萨尔说唱神授艺人（摄影：央金）

走进西藏，无论繁华如拉萨，还是偏僻如乡村，总能看到一群人围成一圈，跳起欢快的锅庄舞，唱起好听的歌曲。那歌声的明媚，那舞步的洒脱，如同高原的阳光一样，成为人们心中向往的天堂。

西藏素有"歌舞的海洋"之称。千百年来，藏族百姓在劳动中创造出独一无二的歌舞艺术。起歌则舞，起舞则歌，是藏民族的常态。西藏不仅是民歌的故乡，更是与歌如影随形的孪生兄弟"舞的海洋"。

在藏语中有一句俗语，"没有歌声的人犹如一头牦牛，不会跳舞的人就像一根木头。"不论劳动或休息，藏族人民歌不离口，舞不离脚。无论是田间地头，还是城市的广场，无论是节假日还是在平时，藏族百姓总是聚在一起载歌载舞，表达心中的喜悦。

藏民族的歌舞历史悠久。《隋书》就有藏族先民"好歌舞"的评价。藏族史料《智者喜宴》则记载，公元8世纪，吐蕃藏王赤松德赞时期，为庆祝在藏落地的第一座佛教寺院——桑耶寺的顺利建成,全藏举行了为时一年之久的"歌舞游宴"。在此一年之内,人们"跳起欢乐舞,唱着欢乐歌,日复一日无间断"。

西藏歌舞风格各异,品种繁多,根据西藏 所辖康、卫、藏、阿里四个地区民间歌舞分布的情况,从音乐的角度上讲,大体可分为"鲁"(静态的歌,泛指节奏不规整的歌谣,如山歌、牧歌)和"谐"(动态的歌,泛指节奏规整的歌舞曲)两大系。从舞蹈的角度上讲,大体可分"谐"(歌舞)、"卓"(舞蹈)、"噶尔"(乐舞)和"羌姆"(跳神,即宗教舞)四大类。

民间藏戏团(图片来源:《讲述西藏》纪录片)

西藏和平解放50年以来,在党和国家的精心保护和支持下,西藏歌舞艺术不仅得到了很好的传承和弘扬,而且伴随着社会生产力的解放和国家对非物质文化遗产的重视,西藏的文艺事业进入了一个崭新的发展时期。

统计显示,截至目前,西藏共发现非物质文化遗产项目1000余项,传统戏剧演出机构80多个。其中,传统音乐项目29个,传统舞蹈项目213个,传统戏剧项目29个,曲艺项目7个。西藏自治区及各地市成立了民族文化遗产抢救、整理和研究机构,对民间文化艺术遗产进行全面普查。先后编辑出版了《中国戏曲志·西藏卷》、《中国民族民间舞蹈集成·西藏卷》、《中国民族民间器乐曲集成·西藏卷》等十大文艺集成志书，收集整理民族音乐、歌曲、曲艺一万余首，文字资料3000多万字。

在欢快的歌舞声中，这片古老高原上的独特声音千百年来从未停息。在民间艺人的口口相传中，藏民族的历史传唱至今。

二、故事：浸染千年岁月的高原吟唱

1. 斯塔多吉：最年轻的格萨尔说唱艺人传人

"我只有一个愿望，就是把格萨尔文化发展传承好！不仅让藏区牧民听得到，也要让世界人民知道格萨尔史诗到底是什么样！"作为最年轻的格萨尔说唱艺人传人，藏族大学生斯塔多吉显然已经承担起了自己的使命。

在第七届文博会西藏馆内，记者见到了最年轻的格萨尔说唱艺人斯塔多吉（摄影：朱琪）

"在梦里,有两个人把我带到空旷的草原上,给了很多很长的经书让我吃,我就吃下了。一觉醒来,我就会说格萨尔王的故事了。"

传唱千年的史诗《格萨尔》也叫《格萨尔王传》,藏族称其为"格萨尔仲"或"岭仲",是世界上最长的一部英雄史诗。主要流传于中国青藏高原的藏族、蒙古族、裕固族、纳西族等民族中。在藏区各个地方都有专门说唱"岭仲"的民间艺人,被称为"仲垦",即"说唱格萨尔故事者"。说唱是《格萨尔王传》流传的主要形式。

根据传唱形式不同,格萨尔说唱艺人分为神授说艺人、撰写艺人、圆光说艺人、吟诵艺人、闻知说艺人、传承说艺人、掘藏说艺人、艺人帽说和唐卡说艺人等类型。

牧区格萨尔说唱艺人(图片来源:《讲述西藏》纪录片)

格萨尔的表演形式灵活多样,不受时间、地点、条件的限制。艺人们说唱的内容一般是没有什么限制的,自己想讲哪一部、最擅长讲哪一部,就说唱哪一部,同时也要看听众的爱好和需要。

斯塔多吉,昌都人,西藏大学文学院学生。9岁之前,他跟普通孩子一样,有着无忧无虑的童年。然而一个神奇的梦境,却改变了他的人生轨迹。

起初,斯塔多吉并不知道自己脱口而出的是什么。第二天课堂上,斯塔多吉突然觉得自己脑子和心里塞满了东西,不吐不快,便大声地说了出来。同学们被他异常的举动吓到了,"他们觉得我得了神经病"。

斯塔的举动引起了学校的重视,经过权威机构和专家的审核,认定斯塔多吉为非物质文化遗产《格萨尔》的说唱艺人传人,属于"神授说艺人"类型。如今,斯塔多吉已经被认定为西藏自治区级说唱艺人,正在申报国家级说唱艺人。

格萨尔王壁画(图片来源:《讲述西藏》纪录片)

《格萨尔》是世界上最长的史诗,长达100多万行,2000多万字,讲述了传说中的藏族英雄格萨尔王降妖伏魔、造福百姓的故事。史诗融会了不同时代藏民族关于历史、社会、自然等学科的知识,被誉为"东方的荷马史诗"。2009年10月1日,《格萨尔》成功入选世界非物质文化遗产名录。

"每次说唱《格萨尔》我都很高兴、很快乐,感觉必须要把自己内心看到的、听到的东西全部掏干净,让牧民们都能听到听懂。"牧民们的赞美和敬仰让斯塔多吉意识到自己身为说唱艺人的重要性。

斯塔多吉开始去不同的地方说唱《格萨尔》,将不断涌入脑海中的格萨尔故事和源源不断的灵感传唱给藏区农牧民。现在他是西藏广播电台和中央人民广播电台的特邀主持,已经录制了150多个小时的《格萨尔》故事。

那曲格萨尔传承基地（图片来源：《讲述西藏》纪录片）

"很多人都只知道格萨尔传是世界上最长的史诗，可是他们并不了解它真正的意义是什么，意义的来源是什么？"斯塔多吉想做一个桥梁，把《格萨尔》传播到更多的民族和国家。

"我只有一个愿望，就是把格萨尔文化发展传承好！不仅让藏区牧民听得到，也要让世界人民知道格萨尔史诗到底是什么样！"每每聊起格萨尔这个话题，年仅22岁的斯塔多吉脸上总会流露出与年龄不相符的坚定和骄傲。作为最年轻的格萨尔说唱艺人传人，他显然已经承担起了自己的使命。

中国社会科学院民族文学研究所研究员降边嘉措（图片来源：《讲述西藏》纪录片）

"千百年来,《格萨尔》能在世界屋脊之上广泛流传,历久不衰,主要应该归功于那些优秀的民间说唱艺人,他们是史诗最直接的创作者、继承者和传播者,是真正的人民艺术家,是最优秀、最受群众欢迎的人民诗人。在他们身上,体现着人民群众的聪明才智和伟大的创造精神。"著名格萨尔研究专家降边嘉措这样评价格萨尔说唱艺人。

著名曲艺表演艺术家土登(图片来源:《讲述西藏》纪录片)

说起《格萨尔》,在斯塔多吉口中,听到最多的两个词是"传承"和"发展"。

"很多老艺人没上过学,甚至连藏文都不会写,他们只能通过口口相传的方式把脑海里的东西说唱出来,跟文字记录比起来,显然不利于文化的保存和传承。"而斯塔多吉的出现刚好填补了文化传承的缺憾。

作为唯一一个大学生身份的格萨尔说唱艺人,斯塔多吉意识到了自己的独特性。"我要把自己与其他说唱艺人不一样的东西贡献出来。"就读于西藏大学文学院的他,熟练掌握藏文和汉语。听过他说唱的牧民说,斯塔多吉的《格萨尔》不仅好听,而且他们听得懂。

第一部《格萨尔王传》扎巴说唱本(图片来源:《讲述西藏》纪录片)

如今，斯塔多吉已经用藏文记录下了4万多字的《格萨尔王传》，准备出版。以后还要把这些翻译成汉语、英语进行出版，"要让全国甚至全世界人民读懂《格萨尔》"。

大学毕业之后，斯塔多吉希望能去专门研究格萨尔文化的研究院工作，获得更专业的知识；或者考取昌都偏远地区的公务员，让更多偏僻地区的农牧民听到并听得懂《格萨尔》。

2. 班典旺久："中国戏剧梅花奖"西藏第一人

藏戏已成为班典旺久生活中重要的一部分，并会成为他一生的事业。他说，现在的生活里除了藏戏还是藏戏，甚至与朋友聊天谈论的内容都是如何发展培养藏戏人才，与藏戏形影不离，"这辈子嫁给藏戏了"。

藏戏演员班典旺久（右二）（图片来源：中国西藏网）

"在颁奖典礼的时候，我穿着藏民族传统的服装。从走红毯到颁奖，我一路走来，看着这么多喜欢藏戏的人找我签名，为我献上哈达，那是一种无法用言语形容的满足感，也是作为藏民族的自豪感。我由衷地觉得，京剧藏戏的这个发展方向，是非常有前途的。而我何其有幸，作为第一个参加梅花奖的藏戏演员，为藏戏的发展起了'引领的作用'"，获得中国戏剧梅花奖后，班典旺久说。

班典旺久，1973年出生于西藏山南扎囊县，著名藏戏表演艺术家，是广大藏族群众最为喜欢的藏戏艺术家之一，现任西藏自治区藏剧团副团长。

藏戏蓝面具派演出（图片来源：《讲述西藏》纪录片）

藏戏白面具派（图片来源：《讲述西藏》纪录片）

藏戏，藏语名为"阿吉拉姆"，意思是"仙女姐妹"。相传藏戏鼻祖为唐东杰布。藏戏是藏族戏剧的泛称，历史悠久，剧种流派众多，民族和地域特色浓郁，是一门集歌舞、表演、说唱、文学于一体的综合艺术，是中华民族的文化瑰宝，被誉为藏民族的"百科全书"和我国地方戏剧的"活化石"。

藏戏主要有属于旧派的白面具派和属于新派的蓝面具派，还有独角戏，目前以蓝面具派影响最大。

班典旺久出生在一个农牧民家庭，初中毕业时，从小喜欢观看演出的他考取了艺校，成了藏戏表演班的一名学生。在艺校里，他如同到了艺术的殿堂，渴望学到藏戏表演的专业知识。良好的身板和嗓音条件，使得班典旺久在艺校的学习进步迅速，因在毕业剧目《朗萨雯波》中饰演庄园主查勤脱颖而出。查勤这个人物也成为班典旺久从毕业至今一直饰演的一个经典角色。

班典旺久在《文成公主》中主演松赞干布（图片来源：中国西藏网）

2004年，国家京剧院与西藏自治区藏剧团的艺术家，以京剧和藏戏这两种传统戏曲相结合的全新方式，将八大经典藏戏之一的《文成公主》用京剧藏戏重新诠释，实现了国粹京剧与古老藏戏的完美结合。该剧成功入选2006—2007年

度国家舞台艺术精品工程"十大精品剧目",2009年成为全国重大文艺奖项获奖作品。

班典旺久在京剧藏戏《文成公主》饰演主角松赞干布。"文成公主"和"李世民"的角色采用京剧唱腔,"松赞干布"则是藏戏唱腔。"刚开始排练时,京剧一落下,马上接藏戏,两种完全不同的戏曲同台演出总感到很别扭。"班典旺久说。在不断的练习中,演员通过与导演、编剧、作曲等的沟通,《文成公主》呈现出京剧和藏戏的完美结合,"特别是京剧和藏戏的衔接部分,很自如、默契"。

班典旺久说,《文成公主》是首个京剧与藏戏的结合体,这一结合不单单是两个剧种的结合,更是两种民族精神的结合,是中华民族汉藏文化的结合。这种结合本身就像梅花一样,经历了"一番寒彻骨",最终带着两个民族精髓的香气,扑面而来。

在西藏首演的12场,前来观看的人络绎不绝,得到了业内人士的认可,班典旺久觉得很欣慰。因在戏中的突出表现,他获得了"中国文化艺术政府奖—文华表演奖"。

班典旺久认为戏曲演员必须具备多种表演才能——说、唱、念、做、打、舞的相互交叉与融合运用,如此才能在戏中将人物表现得淋漓尽致。同时,演员的声音、身材条件和对戏剧的热爱,三者缺一不可。

藏戏已成为班典旺久生活中重要的一部分,并会成为他一生的事业。他说,现在的生活里除了藏戏还是藏戏,甚至与朋友聊天谈论的内容都是如何发展培养藏戏人才,与藏戏形影不离,"这辈子嫁给藏戏了"。

藏戏的唱腔是最能吸引班典旺久的地方。"藏戏的唱腔是藏戏的灵魂,藏民族千百年来形成的特有的唱腔是民族优秀传统文化重要的组成部分,我们每个人有责任去保护它。"他说,"藏戏里面的每个人物的演出服饰丰富多彩,并且具有鲜明的民族风格和雪域高原特色,八大藏戏的故事情节曲折多变,戏里面人与人之间的矛盾冲突、细节的设置这些都深深地吸引着我热爱藏戏。"

著名藏戏表演艺术家班典旺久饰演诺桑王子（摄影：洛桑阿铁）

藏戏演员班典旺久（图片来源：中国西藏网）

2014年5月12日，班典旺久和他的团队参加了第26届中国戏剧梅花奖大赛西片区的赛事。中国戏剧梅花表演奖是中国戏剧表演艺术最高奖，每两年一评，旨在表彰在表演艺术上取得突出成就的中青年戏剧演员。与往届不同的是，2014年藏戏首次现身梅花奖赛事活动，班典旺久也成为首次入围梅花奖大赛的藏戏演员。

活跃在民间的藏戏团（图片来源：《讲述西藏》纪录片）

在梅花奖大赛上,班典旺久将京剧藏戏《文成公主》中的三重唱经典戏和大婚场面合在一起,作为一个折子戏与《朗萨雯波》、《金色家园》中的经典部分一起演出。"这三场折子戏足以表达我个人的演技、唱功等。"

班典旺久凭借扎实的艺术功底和出色的表演,荣获此次中国戏剧界的最高奖——"梅花奖"。

班典旺久骄傲地说:"之所以能得到这份殊荣,我认为和评选时全体演员的出色表演,还有整个团队的完美配合是分不开的。我觉得从根本上支撑藏戏在这样多优秀剧种中脱颖而出的是藏戏本身独特的魅力,以及其背后藏民族的文化底蕴。藏戏的唱腔是藏族人的精神,高亢、嘹亮,代表的就是我们藏族人的山高云淡。"

3. "拉孜堆谐"传承人皮吉拉巴:痴恋堆谐 50 年

现今 63 岁的拉巴,已经同堆谐一起走过了 50 年。2009 年 6 月,被文化部命名为"国家级非物质文化遗产项目堆谐(拉孜堆谐)代表性传承人"。曾经做过民办教师的拉巴,从未想过自己会获得如此高的荣誉。正如拉巴所说:"我这 50 年的心血没有白费。"

老人高兴地跳起堆谐(摄影:王昕秀)

日喀则，藏语意为"水土肥美的庄园"。在这片肥沃的土地上，有一种民间歌舞广为群众喜欢。2007年，这种民间歌舞走上了中央电视台春节联欢晚会的大舞台，随即在全国引起轰动。从此，这一传承千年的民间歌舞，开始走向全国乃至海外。

这一传承千年的民间歌舞就是"拉孜堆谐"。

"拉孜堆谐"相传起源于萨迦地方政权时期，西藏最早出现的由六弦琴伴奏的舞蹈，距今已有700多年的历史。被称为"东方踢踏舞"。西藏日喀则地区拉孜县一直以来被认为是"堆谐"的故乡。它是以西藏民间歌舞音乐为基础，在西藏文化土壤中形成和发展起来的地方传统歌舞艺术。以六弦琴为伴奏，进行说唱和踢踏的歌舞表演，表演人员可多可少。

2007年，在春节联欢晚会的舞台上，由拉孜县农牧民表演的"拉孜堆谐"《飞弦踏春》闻名全国。2008年，"拉孜堆谐"被列入国家级非物质文化遗产名录。

在拉孜县，80%的群众都会弹六弦琴，每逢重大节庆活动时都要进行堆谐表演，以表达人们对现实生活的赞美之情。拉孜县也因此享有"堆谐"故乡的美誉。

"拉孜堆谐"在丰富当地群众文化生活的同时，还照亮了更多人的精彩人生。皮吉拉巴就是其中的一位，他见证了拉孜堆谐走向辉煌的历程。

见到皮吉拉巴时，他正准备出门，听闻是来了解堆谐文化后，立即取消了行程，热情地邀请我们坐了下来。一段老人与拉孜堆谐的故事也由此展开。

痴恋堆谐50年

皮吉拉巴的妈妈早年就在拉孜雪民间演出队演出，这让拉巴得以自幼受到艺术熏陶。"自小我就对堆谐感兴趣，拨弄六弦琴，学跳各种舞蹈。"领悟力极高的拉巴，在妈妈的指导下，13岁时，他已经能够非常熟练地边唱边

老人成为了拉孜堆谐的一张名片（摄影：王昕秀）

跳了。

2000年,拉巴退休后就专门研究堆谐,不仅收集整理已有内容,还凭记忆口述,请人记录传统堆谐的唱词、曲谱、舞蹈步法、舞蹈身段等内容。2004年9月,拉巴凭借《后藏情》获得文化部授予的全国第十三届群星奖,2009年6月,被文化部命名为"国家级非物质文化遗产项目堆谐(拉孜堆谐)代表性传承人"。

拉巴懂音律,会作词,还能谱曲,《大觉瓦》就是其代表作。在2007年春晚上表演的《飞旋踏春》就是由拉巴作曲编舞的。

现今63岁(2011年)的拉巴,已经同堆谐一起走过了50年。曾经做过民办教师的拉巴,从未想过自己会成为国家非物质文化遗产的传承人,这也是对拉巴50年辛苦付出的最大肯定。正如拉巴所说:"我这50年的心血没有白费。"

"把我会的都传给大家"

皮吉拉巴带领女儿一起表演堆谐(摄影:王昕秀)

2005年，拉孜县业余农民艺术团得以组建，一批土生土长的拉孜农民，把"堆谐"歌舞跳到了拉萨，跳进了北京人民大会堂。

现在，皮吉拉巴最喜欢做的事情就是教大家跳堆谐，他每周都会挑选一天到舞蹈队教成员跳舞，"一个人跳没有意思，把我会的教给大家，一起跳才有意思"。现在，受他技艺影响的人，已遍布拉孜乡村。

前几年还担心堆谐会失传的拉巴，现在已高枕无忧了。"只要有脚就能跳舞，只要有嘴就能唱歌，只要有手就能弹六弦琴"，这是拉孜人民真实生活的写照。目前在拉孜，30%的农户会弹唱六弦琴，40%以上的农家有六弦琴，70%以上的农牧民会跳"堆谐"。

拉巴一家5口人，上至拉巴、下至上初中的外孙，都是跳堆谐的高手。问拉巴，谁跳得最好？他哈哈大笑起来："女婿是我的得意门生哦。"

老人的儿子也是一名堆谐表演者，这是在北京演出时的纪念照片（翻拍图）（摄影：王昕秀）

"堆谐不会脱离社会进步"

堆谐的说唱是表达情感的一种方式，有情歌，有忧伤的歌，大多是颂歌。总的来说是对生活感悟的一种肢体表现和音乐表现。

如今，除了教授堆谐，拉巴开始把更多的精力放在传统堆谐唱词的收集整理上。眼下，他已收集到《隆桑啦》、《聂拉桑伯》、《欧玛良吉》、《曲松日漠》、《达瓦雄努》等三四十个老曲目，并装订成三个大本，其中两本还被堆谐爱好者借去了。

与此同时，拉巴还在传统堆谐的基础上对其有所创新。

皮吉拉巴老人在望果节期间跳起欢快的堆谐（翻拍图）（摄影：王昕秀）

拉巴告诉记者，现在的堆谐比传统的堆谐有了很多进步，在不流失传统技能的基础上，曲风更加欢快活泼了。"欢快的节奏正是我们幸福生活的体现，堆谐是不会脱离社会进步的。"

临行前，皮吉拉巴坚持为我们跳一段堆谐，在女儿的陪同下，拉巴边唱边跳了起来："党的政策好，才有我们的幸福生活，农民的日子富裕了，我们为党来歌唱……"

4. 格桑丹增：抢救门巴戏　培养更多年轻演员

"传承和保护门巴戏当前最为棘手的是，把现存的门巴戏通过文字记录下来，并形成册子进行保存。同时，要培养更多的年轻戏队，培养鼓钹师，教会他们剧情、戏词、唱腔、舞蹈动作及表演等。"格桑丹增说，这是他最大的希望，也是作为传承人今后要做的工作。

国家非物质文化遗产"门巴戏"代表性传承人格桑丹增（摄影：饶春艳）

格桑丹增的传承人证书(摄影:饶春艳)

"门巴戏是我们本民族的文化,我们有责任和义务把它传承下去。"父亲次仁丹增曾语重心长地对格桑丹增说。

这句话,格桑丹增一直记在心里。

门巴戏,因直接采用藏戏的藏文剧本,因此被称为"门巴拉姆",即门巴藏戏,主要演出剧目为《诺桑王子》,流行于西藏山南地区错那县勒布地区。门巴戏是西藏八大藏戏之一,表演主要由六名演员和一名司鼓伴奏员完成。六名演员分别扮演渔夫、法王、公主、仙女等15个角色,所有角色必须由男性来扮演。

门巴戏的表演源自门巴族的民间舞蹈、歌舞和宗教艺术表演,其音乐则源自门巴族民歌"萨玛"(酒歌),此外又吸收了门巴族的说唱音乐、古歌、悲歌和宗教音乐。门巴戏的服装主要以门巴族生活服装为基础,同时又受到藏族服饰的影响。

山南门巴戏于2006年被列入了第一批国家级非物质文化遗产名录。至此,几经风雨的门巴戏得到了很好的保护与发展，焕发出新的生机与活力。格桑丹增成为国家级非物质文化遗产代表性传承人。

"由于没有文字的记载，在门巴戏保护初期遇到了诸多困难，但幸运的是村里还有几个年过80岁的老艺人，他们凭借着自己的记忆传授下一代，乡里也对部分待业青年进行了培训，目前80%的门巴戏已经被抢救恢复。"格桑丹增介绍说。

17岁时，格桑丹增加入勒乡门巴戏表演队伍，跟随父亲及其他师傅学习门巴戏。勤奋聪慧的格桑对此有种与众不同的天赋，父亲教什么他会什么，很快成为村里的小名人。

格桑丹增说："每当春、秋两季，村民在田间地头干农活。他们在劳作之余，常常把我叫到中间来，让我唱门巴戏，他们都很爱听，父亲看我学得像模像样也十分高兴。门巴戏我从家唱到田间地头，从田间唱到节日的舞台上，深受群众的喜爱。"

1987年，门巴戏被得到了较好的保护，勒门巴乡也组建了门巴戏队，当年年少的格桑丹增便成了队里最年轻的演员。对于格桑来说，抢救、保护和

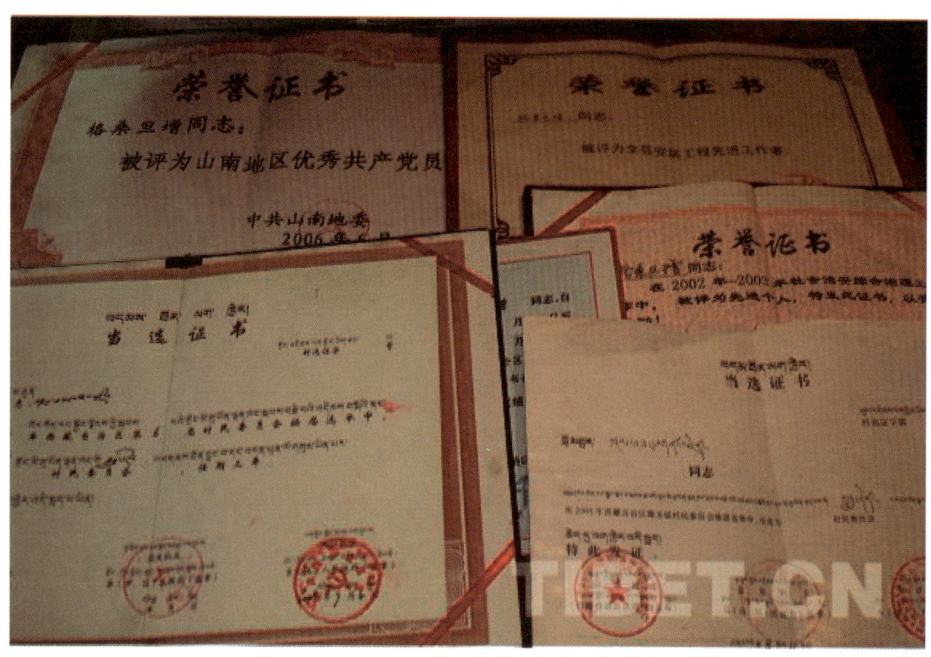

格桑丹增的荣誉（摄影：贡桑拉姆）

传承门巴戏，既是他父亲和师傅的希望，同时也是他自己的最大愿望。

门巴戏上演的最主要剧目是西藏古老的《诺桑王子》，其中的表演基本源自门巴族的民间舞蹈、歌曲和宗教艺术，音乐主要来源于门巴族民歌"萨玛"（酒歌），戏中的服装主要以门巴族生活服装为主，同时吸纳了藏族服饰的部分元素，形成门巴族独具特色的服装艺术。

门巴戏已被列为国家级非物质文化遗产名录，错那有关部门投入了专项资金对门巴戏的配套服装进行量身定做。格桑丹增说："各级政府对非遗的保护和传承的扶持力度可以说是前所未有，门巴戏已逐步变得完善，变得丰富多彩。每当乡里过年过节时，门巴戏队在群众中进行巡回演出。还去过拉萨演出，上过西藏电视台的节目。"

门巴族有自己的语言，但没有自己的文字。因此，传唱门巴戏的民间老艺人未能把戏的内容、演唱的声腔、唱词等用文字记录下来。目前已抢救恢复过来的80%的门巴戏，均口口相传，没有文字记录。

"传承和保护门巴戏当前最为棘手的是，把现存的门巴戏通过文字记录下来，并形成册子进行保存。同时，要培养更多的年轻戏队，培养鼓钹师，教会他们剧情、戏词、唱腔、舞蹈动作及表演等。"格桑丹增说，这是他最大的希望，也是作为传承人今后要做的工作。

目前，门巴戏队从起初的6人已发展到17人，演出一场完整的门巴戏至少需要3天的时间。为了活跃气氛，戏中还穿插了节奏较快的、模仿各种动物形态的舞蹈，有雄鹰展翅飞翔的动作、有獐子缓缓攀岩的动作、有马鹿下脆的动作，全部来源于门巴族人在居住环境中所能看到的野生动物的动作。

格桑丹增深信门巴戏的前景只有越来越好，也期待门巴族这一文化瑰宝能够越走越远，能够代代相传，这样才无愧于老艺人的期望，无愧于关心、爱护、关注门巴戏的所有人的希望。

"作为国家级非物质文化遗产代表性传承人，24年的付出与努力，只为更好地传承和发展门巴戏。"格桑丹增说。

5. 扎桑老人：传承牛皮船舞，走向广阔天地

扎桑老人是村里唯一的一位"阿热"，是国家级非物质文化遗产西藏牛

皮船舞国家级传承人。扎桑18岁的时候就可以完成一段独舞，25岁时能够独立完成一场演出。35岁那年，扎桑正式从父亲手中接过了"塔塔"，成为一名牛皮船舞的"阿热"。

扎桑老人与牛皮船（摄影：索穷）

俊巴渔村是西藏唯一的一个世代打渔的村落。"俊巴"，藏语意为"捕手"或"捕鱼者"。在这里只要是男士，几乎人人都会跳"郭孜舞"，即牛皮船舞。

"牛皮船舞"也称"廓孜"或"廓孜舞"。"廓"在藏语中即为"牛皮船"，"孜"即为"舞蹈"。据称，牛皮船舞起源于"仲孜"（牦牛舞），是模仿行船的动作，表现船在江河中的力量之美。盛行于西藏唯一一个世代打渔的村落俊巴渔村。牛皮船舞是俊巴村人在单调繁重的劳动之余的一种自娱自乐。常常是在打渔之后，几个人聚在一起，背着牛皮船，边唱边跳，生活的艰辛在歌舞中变得轻松愉快。

2008年，俊巴渔村的牛皮船舞被列入国家级非物质文化遗产。扎桑被确

牛皮船舞跳起来（摄影：王淑）

定为首批国家级非物质文化遗产——牛皮船舞传承人。曾经作为俊巴渔村渔民谋生工具的牛皮船，如今有了新的使命，成了劳动之余唱歌跳舞的绝佳道具，也因此吸引了一批批游客前来观光和欣赏。

"东边的山上吃山草，西边的山上喝清泉，草原上打滚喜泣……"在遍布鲜花的草地上，俊巴渔村村民们呼嘿一声，扛起牛皮筏子，在牛皮船舞的领舞者"阿热"的带领下，踩着节奏跳起了牛皮船舞。

打渔曾经是俊巴村民主要的生存方式。为此，打渔必备的牛皮筏子也成为了他们最好的伙伴。牛皮船的起源最早可以追溯到吐蕃时期，在布达拉宫和桑耶寺的壁画中都可以找到牛皮船早期的身影。吐蕃时期的牛皮船是圆形圆底的，估计只相当于现在牛皮船的一半大小，船内最多也就能容纳三四人。

扎桑老人是村里唯一的一位"阿热"，是国家级非物质文化遗产西藏牛皮船舞国家级传承人。"阿热"是牛皮船舞中的领舞者。跳牛皮船舞时，"阿热"手执"塔塔"（五彩旗杆），唱着歌，跳着舞，另外几位（一般是4—6人）舞者看着"阿热"的动作，背着重三四十公斤的牛皮船，用同样的动作跟着"阿

俊巴渔村的牛皮船（摄影：饶春艳）

热"跳舞。大家动作整齐，船桨击打船舷的"咚咚"声不绝于耳，既轻盈又凝重。

扎桑老人介绍，当地的习俗是男孩子8岁到14岁放羊，15岁就开始打渔，但只算半个劳动力，收入也只有全劳力的一半。牛皮船舞是劳动间隙的一种娱乐。

扎桑老人的祖辈、父辈都是俊巴村跳牛皮船舞的好手，且个个都是"阿热"。扎桑就是父亲扎西顿珠手把手教会跳牛皮船舞的。

"我父亲是牛皮舟舞编导，我从小看父辈们跳这个，我们打渔的时候最远到泽当、直孔，农忙时节又匆匆忙忙赶回来收庄稼，每当走到一个地方休息的时候，为了放松身体，就会唱上一段，舞上几步，就这样有了我们的牛皮船舞。"

跳牛皮船舞的俊巴渔村村民（摄影：王淑）

扎桑 18 岁的时候就可以完成一段独舞，25 岁时能够独立完成一场演出。35 岁那年，扎桑正式从父亲手中接过了"塔塔"，成为一名牛皮船舞的"阿热"。"支差的时候，我们一年要去两次拉萨龙王潭。边上有来自各地藏剧团的演出，但我们的歌声一响，所有的观众都朝我们跑来了，因为觉得新鲜，观众们以前从来没有见过。"

俊巴村渔民（摄影：索穷）

在旧西藏，俊巴村的"主人"曾是布达拉宫下的地方政府机构雪巴列孔和哲蚌寺基索（财务总管），扎桑老人说："印象中，我的生活就是没完没了的劳作，支差拿不到工钱，还要挨打。"

回忆过去，扎桑老人说得最多的就是"冤家"两个字。所谓"冤家"，指的是那些自认为"地位显赫"的旧奴隶主、旧贵族。扎桑老人提到，第一种是"骑马的官人"："看到他们来你必须躲起来，他们眼里容不下我们这些'吃鱼贩货的贱人'，轻则破口大骂，重则鞭子抽打，以发泄他们心中莫名其妙的怒气；第二种是哲蚌寺的基索和雪巴列孔的官员。我们每年收成下来的时候也是这些'债主'登门催债的时候，你永远会有那种冤家路窄的感觉；第三是指村中不同行业间的不合。"

据扎桑老人介绍，按照旧政府规定，过去的俊巴村有一半人从事捕捞业，还有一半人是专门从事皮具制作的。更可气的他们规定这两个行业的人不能"串行"经营，打渔的人哪怕想给自己缝一双布鞋都不行，人为地制造两个行业、两个人群间的矛盾和冲突；而渔民出村后也不消停——远离村庄的渡口上水霸横行，不给他们打点、"孝敬"他们是不会允许运货、捕鱼行为的。

现在，俊巴人的生活质量与几十年前大不相同，生活水平翻倍提高。村口建了会堂，有大块的水泥地。闲暇时的村民可以在这里晒晒太阳、享享清福。扎桑老人家有7亩地、5头牲口，儿孙也孝顺，他认为这样的生活已经足够："年老体弱，怕耽误事情，我说能不能请假辞去国家级传承人的名分，领导说不行，必须把这个担子挑起来。这是领导看得起我们！"

老人家以前有一大一小两个牛皮舟，大的用于运输，小的用于打渔，现在牛皮舟和老人一起都"退休"了。"因为我年龄大了，背不动牛皮舟，就给孩子们教教舞步、唱唱歌。"

扎桑老人说他们是西藏的渔夫之祖贝莱赞巴的化身，旧西藏歧视渔夫和铁匠等所谓"低贱"的底层劳动人民，扎桑老人说，在西藏人们有一种说法，刚猛的腰刀经过名铁匠的锻造变得温婉敦厚；腥气十足的泥水鱼经过渔夫出身的名厨精心烹饪，变得美味可口。

但今天，扎桑老人已经从"冤家世界"走向了广阔的天地。经历了西藏和平解放、改革开放、经济大发展的扎桑老人及其同伴，已经是享有完全自由身的国家主人。

俊巴村出产丰富，农业、手工业、渔业，都是经济来源。村里60岁以上的老人有50多人，按照扎桑老人总结："村里人喜欢吃生鱼浆，生鱼浆伴辣椒吃糌粑团特别下饭，西藏江河里的鱼获把我们渔村人养的身强体壮，可以把牛皮舟舞跳得很久很久！"

如今的牛皮船舞则成了西藏传统文化的展示，这给俊巴渔村带来了知名度和旅游效应，吸引着很多慕名而来的游客。越来越多的游客选择参观俊巴渔村，也给渔村手工艺品开发销售带来了好机会。

三、编辑视点：寻"声"西藏

今日的西藏，传统节日里最动人的场景依然是载歌载舞的欢喜，节日里的西藏处处是歌舞的海洋。就在这年年的欢腾喜悦中，在歌（说）唱艺人的动听声音中，千年的歌舞传唱至今。

90后的斯塔多吉，作为最年轻的格萨尔说唱艺人，尽管有着与其他格萨尔说唱艺人不同的经历，但小小年纪的他却已经担起了自己肩上的重任：传承格萨尔文化，让全世界人民领略格萨尔史诗的魅力。

作为中国戏剧梅花奖西藏第一人，班典旺久的生命早已与藏戏联系在了一起，成为了他生活中重要的一部分。生活中除了藏戏还是藏戏，"这辈子嫁给藏戏了"。他说藏戏的唱腔是藏戏的灵魂，每个人都有责任去保护它。

藏族年轻人的舞蹈（图片来源：《讲述西藏》纪录片）

60多岁的皮吉拉巴，从小就喜爱拉孜堆谐，退休后还专门研究堆谐，痴迷堆谐50年。拉巴不仅研究堆谐，还组建了一支业余农民艺术团，把"堆谐"歌舞跳到了拉萨，跳进了北京人民大会堂。

而国家非物质文化遗产"门巴戏"代表性传承人格桑丹增最大的愿望则是把现存的门巴戏通过文字记录下来，同时培养更多的年轻演员，把古老的门巴戏更好地传承下去。

作为西藏唯一一个世代打渔的村落俊巴渔村的唯一一位"阿热",扎桑老人希望即使在西藏都算独特的牛皮船舞能被更多的人所熟知。

这些艺人的坚持,让他们传承的艺术在西藏的民间更加耀眼,从而在一代代人的坚守中传承下来,继续在雪域高原唱响。

四、背景知识:活跃在西藏的民间艺术团体

布达拉宫广场上欢乐的锅庄舞(摄影:王昕秀)

在民间艺术如此丰富繁荣的西藏,活跃着一支支民间艺术团体,他们有的唱藏戏,有的跳舞蹈,有的是老年人,有的是年轻人,他们多次代表西藏勇夺艺术节大奖,也多次走出西藏,走出国门,展现西藏的艺术之美。

娘热乡民间艺术团是其中最耀眼的一支。在2008年北京奥运会开幕式上,娘热乡民间艺术团表演的藏戏《吉祥奥运》,让世人领略到了具有1000多年

历史藏戏艺术散发出的无穷魅力。如今,娘热乡民间艺术团不仅能演出《卓娃桑姆》、《苏吉尼玛》、《白玛雯波》、《诺桑王子》、《赤美滚丹》、《顿玉顿珠》、《朗萨文蚌》、《文成公主》传统八大经典藏戏,还可以演出囊玛、堆谐等民间歌舞和现代歌舞,深受百姓喜爱。

与娘热乡民间艺术团一样,西藏各县级民间艺术团参与了国家级、自治区级重大演出活动和地市重要文化活动,成功打造和推出了《欢歌起舞》、《果谐的春天》、《天湖之舞》、《雅砻春潮》等优秀群众文艺作品。

长期以来,西藏各县级民间艺术团为基层农牧民带去藏戏、话剧、歌舞等文化演出,有效弥补了西藏专业文艺团体总量有限、服务覆盖面不广的不足,极大地丰富和活跃了基层群众的精神文化生活。

近年来,西藏民间艺术团不断发展壮大。截至2014年9月,西藏全区74个县(区)均成立了县级民间艺术团,有演员人数近2000人,实现了"县县有民间艺术团"。全区乡村业余文艺队达到2466支,演员人数达到4万余人。2013年度全区县民间艺术团演出场次达到4413场(其中在农村演出2471场),全年观众人数达170余万人;新创作节目839个。

西藏对文化公共设施的扶持力度也在不断加大。截至2013年底,西藏对县级民间艺术团的补助从2009年的每团每年5万元提高到了20万元。在设施设备的完善上,西藏已将39个县民间艺术团排练场所建设纳入"十二五"规划,并为13个县民间艺术团配备了下乡演出客车,为51个县民间艺术团添置了演出设备,安排落实了设备购置和维修改造资金近1亿元。

第三章
土石交错间的宁静守望

对于一个民族而言，文物是他们历史的记忆，也是祖先血脉的延伸。对文物的珍视，便是对历史的尊重和对未来的期许。

仰望布达拉宫（摄影：洛桑阿铁）

一、讲述:传承历史的符号

坐落于拉萨市红山上的布达拉宫是世界文化遗产,藏式建筑的集大成者。它集中体现了藏族人民的智慧,至今仍是世界建筑史上的一个奇迹,被誉为"世界屋脊上的明珠"。

在具有1400多年历史的古城拉萨,这样的古建筑还有很多。除了有名的黄房子之外,仅八廓街周边1.3平方公里内就有56个古建大院,建于公元7世纪50年代,包括贵族府邸、拉章(高级喇嘛的宅邸)、活佛的私宅、颇章(活佛的宫殿)、商户、民居等。其中,有传说中松赞干布、宗喀巴、仓央嘉措住过的房子,还有邦达仓、拉让宁巴、夏扎、娘容夏、觉囊仓、桑珠颇章、尧西平康等。

桑耶寺建筑构造非常独特(图片来源:《讲述西藏》纪录片)

西藏的古代建筑主要包括宫殿、陵墓、古建筑遗址、贵族庄园旧址、寺庙等。宫殿的代表是布达拉宫,是藏族古代建筑艺术成就的一座丰碑。西藏已发现多处古代陵墓,其中最著名、最重要、最有气势的是位于琼结县宗山西南方的藏王墓。古建筑遗址有代表性的则有古格王朝遗址、甲玛王宫遗址等。贵族庄园遗址保存的不多,保存最完整的是帕拉庄园。西藏的古建筑更多地集中在寺庙。如西藏第一座佛法僧俱全的寺院——桑耶寺,创建至今已有 1000 多年的历史,是藏族文物古迹中历史最悠久的寺院,早在吐蕃时期,就被称为最宏伟最壮丽的建筑。此外,大昭寺、扎什伦布寺、白居寺、萨迦寺、楚布寺、甘丹寺等也都是西藏古建筑的代表。

西藏的古建筑(图片来源:《讲述西藏》纪录片)

大文豪雨果说,建筑是写在石头上的历史。古建筑是一个民族和国家最重要的文物之一。对于一个民族而言,文物是民族历史与文化传承的重要载体和实物见证,是他们民族历史的记忆,也是祖先血脉的延伸。对文物的珍视,便是对历史的尊重和对未来的期许。

在西藏这样的文物大省,对于布达拉宫等重要文物的保护和修缮,任务艰巨而光荣,需要很多奉献者来守望布达拉宫,守望灿烂的藏民族历史与文化。

二、故事:守护布达拉宫

1. 木雅·曲吉建才:终其一生的藏式古建情缘

木雅·曲吉建才殷切地盼望着,有更多的年轻人出于了解和热爱西藏古建筑，愿意献身于藏文化的传承，不计得失地投入这项事业中来。他认为，除了政府、专业部门的努力之外，普通老百姓的意识也应该加强，"传统文化的维护是一种自觉行为"。

藏族高级建筑师木雅·曲吉建才（摄影：赵月）

木雅·曲吉建才的传奇人生要从4岁那年开始说起。

1947年,曲吉建才出生在四川康定木雅塔公乡热瓦岗的没落土司米祖西家族。因幼时常生病,在僧人的指点下,奶奶带着他走了几十公里路,来到一家寺院朝佛祛病。

因在寺里的种种灵异表现,年仅4岁的曲吉建才被认定为已离世十余年的格鲁派木雅古瓦寺第八世木雅活佛的转世灵童。经当时的西藏噶厦批准,一个笃信宁玛派家族中的长孙成了格鲁派第九世木雅·香仲活佛。

木雅·曲吉建才是我国著名的西藏古建筑专家之一,被国际建筑领域称为目前我国唯一的西藏古建筑研究权威专业人士。从某种意义上来说,他之所以喜欢上古建筑,与其早年间在古寺里的经历是分不开的。

被迎请到寺院坐床时,曲吉建才只有4岁半。在那段不同于常人的童年岁月里,他每天的生活主要就是背诵经文。这个聪慧过人的小活佛,6岁开始学习藏文,终日生活在寺院里,殿堂内外精致的建筑、美丽的壁画,成为他一生中难忘的记忆。

木雅·曲吉建才(图片来源:《讲述西藏》纪录片)

1958年,曲吉建才离开古瓦寺到拉萨哲蚌寺学经。随后,他在色拉寺小学里知道了"民主改革";在西藏自治区统战部与佛教协会举办的"青少年小活佛学习班"里,开始学习汉语。"文革"期间,曲吉建才在山南农场度过了7年岁月。在农场里，他被分在基建连队，第一次接触到了建筑这个行当。从最初的采石工到给师傅做助手盖房子，曲吉建才吃苦耐劳，聪明好学。经过几年的锻炼，他学会了各种农活，掌握了许多生产技能。

1974年，曲吉建才从山南回到拉萨，在城关区建筑社当施工员。因为他建筑技术过硬，又有文化基础，被推荐参加自治区设计院开设的培训班。凭借自己的汉藏双语水平，曲吉建才在培训班中先担任翻译，随后又成为助教。那段时间里，他通过刻苦学习，不断丰富自己的建筑知识，终于在1979年被西藏自治区建筑设计院录用为正式员工。

曲吉建才真正开始从事古建筑研究是在1980年的夏天。那一年，西藏自治区开始对古建筑进行普查，自治区设计院也成立了西藏古建筑科研室，一位汉族老师带领曲吉建才和另外几位同事开始了这项研究。

木雅·曲吉建才为桑耶寺金顶修复画图纸（图片来源：《讲述西藏》纪录片）

为了掌握西藏古建筑基本情况，曲吉建才走遍了西藏各地，一路风尘仆仆，逐个考查寺庙。童年时代的寺院生活，让他对藏式古建筑有一种莫名的亲近感；从专业角度审视，他看到了藏式古建筑那种独特的美。这让曲吉建才从灵魂深处不可遏制地爱上了西藏古建事业。

维修中的桑耶寺（图片来源：《讲述西藏》纪录片）

自1980年至今，曲吉建才先后参与了桑耶寺金顶、扎什伦布寺大强巴佛殿、布达拉宫、罗布林卡、萨迦寺大经堂、江孜白居塔和白居寺大殿、大昭寺千年佛廊、甘丹寺、色拉寺、哲蚌寺、楚布寺、热振寺等30多座古建筑的修复工程，承担了扎什伦布寺、萨迦寺、白居寺等众多寺庙的维修设计，出版了《大昭寺》、《罗布林卡》、《古格王国遗址》、《布达拉宫》等建筑专著，并在《全国古建指南》、《二十世纪中国建筑》、《拉萨志》等书籍中承担了介绍西藏名胜古迹和西藏古建章节的编写任务。

此外，他还完成了对北京藏语系高级佛学院、北京民族文化宫、西南民族大学多功能厅等十多座现代建筑的藏式设计和装修工作。

木雅活佛和古建专家的双重身份，使曲吉建才对家乡有着更多的责任。1983年，他凭借记忆，参照图片，带领信众亲手修复了木雅古瓦寺。近年，他又创办了"甘孜州康巴生态与文化遗产抢救保护咨询协会"，利用自己的专业技术，提供文化遗产维修和藏式建筑设计方面的专业技术咨询工作，并将咨询所得用于康区特别是木雅地区的文化遗产、生态、环境保护、教育、卫生、扶贫等各项事业的发展。他希望利用自己的古建筑专长，为家乡民族文化的保护留下更多的财富。

哈布山下的桑耶寺（摄影：于丹）

修复后的桑耶寺金顶（图片来源：《讲述西藏》纪录片）

西藏古建筑的研究工作，更多是与文物保护、文化传承密切相连的，不可能像普通的建筑设计那样，参与市场竞争，有比较丰厚的经济效益。可30

多年来，曲吉建才克服了种种艰难，执着地坚守在这个领域，为了什么？他的回答是："西藏古建承载了藏民族的无穷智慧，这份财富应该继承下来，传给我们的后代。我曾经到清华大学讲过课，两院院士吴良镛听后非常激动，说：'为什么清华大学不能成立一个西藏古建筑研究所呢？'后来，吴良镛大师又来西藏考察，他亲自看到那些经典藏式古建时，激动得不得了，不停地画素描、写生。回到清华后说了一句话：'震撼！西藏建筑令人震撼！'"

木雅·曲吉建才凭一张桑耶寺照片做出了1：10的模型（图片来源：《讲述西藏》纪录片）

从2001年开始，木雅活佛在西藏大学建筑系、艺术系、旅游系做兼职教授，课程为西藏古建筑的历史、构造、特点、藏式传统建筑的设计、西藏古建筑欣赏。目前，除他以外，没有人可以讲这些科目。

木雅活佛殷切地盼望着，有更多的年轻人出于了解和热爱西藏古建筑，愿意献身于藏文化的传承，不计得失地投入这项事业中来。他认为，除了政府、专业部门的努力之外，普通老百姓的意识也应该加强，"传统文化的维护是一种自觉行为"。

2. 罗布斯达：布达拉宫坛经殿壁画的唯一修复者

在布达拉宫修复壁画的几年里，罗布斯达感觉到传统壁画技艺已经走向没落,会的人越来越少。于是,他查资料做研究,搜集大量材料,将壁画绘制技艺申报了西藏自治区非物质文化遗产。

唐卡大师罗布斯达(摄影:姚浩然)

每周一、周三、周五的清晨,罗布斯达都会早早收拾好东西,步行前往布达拉宫的坛经殿,在昏暗的灯光下,开始他的壁画修复工作。

这项工作,罗布斯达已经做了7年。

与壁画结缘

17世纪时期,第四世班禅的近侍画师曲英嘉措活佛在旧勉唐派唐卡基础上,融合了中原、印度等地的优秀画法,创立了新的画派,即流传300多年的勉萨派。日喀则拉孜县的绒措平康家族就是勉萨派唐卡的继承者。

罗布斯达就出生于这个唐卡世家。如今,他已是勉萨派第四代继承人,国家级非物质文化遗产唐卡勉萨派传承人。

临摹是罗布斯达壁画修复工作的重要内容（图片来源：罗布斯达）

2004年,在布达拉宫的徒弟的一个电话,让罗布斯达与壁画修复工作结缘。

西藏源出洞穴壁画,分布在寺庙、府第、宫殿、民宅、驿站、旅店等地方的墙壁上。其中,寺庙为壁画聚集之所,大多分布在寺院各个殿堂及其在周围走廊的墙壁、天花板等处。西藏壁画有著名的三大流派,分别是流行于拉萨等地的卫孜画派、日喀则地区的藏孜画派和藏东地带的噶孜画派。

布达拉宫壁画修复资料图（图片来源：《讲述西藏》纪录片）

当时，敦煌研究院的工作人员在对布达拉宫壁画进行查检，发现其中一幅壁画有 A4 纸大小的部分出现脱落。于是，他们找到了罗布斯达的徒弟。徒弟便跟罗布斯达打了一个电话。第二天，罗布斯达赶到现场，仔细查看了脱落了的壁画，回家翻阅相关资料。两天后，壁画修复完成。跟原画近乎一样的修复工作，得到了相关专家的高度认可。在布达拉宫，罗布斯达接受了专家敬献的哈达。

其实，这并不是罗布斯达与壁画的第一次结缘。

早在 1987 年，罗布斯达就与爷爷一起参与了国家重点文物保护单位扎西伦布寺五世至九世班禅大师灵塔殿的壁画绘制工程。1991—1992 年，他参与了萨迦寺八思巴法王宫殿的壁画绘制工作；1993 年，他参与了扎西伦布寺修建十世班禅大师灵塔殿的壁画绘制工作并担任乌琼；1994 年，负责色拉寺藏巴康赞的壁画绘制工程……

在大量的实践工作中，罗布斯达的壁画绘制技艺日臻成熟。于是，2005 年，布达拉宫管理处向他伸出了橄榄枝——担任世界文化遗产布达拉宫红宫坛城殿里的珍贵壁画修复和临摹工作。

布达拉宫坛经殿壁画的唯一修复者

昏暗的灯光下，一位艺术家对艺术的执着追求和无私奉献（图片来源：罗布斯达）

去布达拉宫坛经殿游览的游客,也许会注意到一位中年人。他拿着画笔,专心致志地临摹壁画,对往来的一切事物似乎视而不见。他,就是罗布斯达。

世界级文化遗产布达拉宫始建于1300多年前,内部珍藏有大量的珍贵壁画,但由于木结构建筑和雨水等自然原因,再加上近年来游客的增多,年代久远的壁画部分开始脱落。

壁画修复迫在眉睫,但去哪里找修理人员呢?这让布达拉宫管理处处长强巴格桑费尽了脑筋。忽然,他想起了曾经成功修复过壁画的一个人——罗布斯达。罗布斯达精湛的技艺和相当成熟的经验给管理处处长留下了深刻的印象。

2005年,布达拉宫管理处正式邀请罗布斯达负责坛经殿的壁画修复工作。在坛经殿内,有专门为罗布斯达搭建的工作台,唐卡的支架放置在工作台上,上面悬挂一盏灯泡照明。

经验丰富的罗布斯达对于壁画修复工作并不陌生,唯一感觉不适的是眼睛。因为布达拉宫对于灯光要求相当严格,而且原来的老房子光线都不好,再加上壁画反光,一天下来,罗布斯达的眼睛就有些受不了了。

壁画年代久远,残缺不全,修复难度很大(图片来源:罗布斯达)

身体的不适是一方面，另一方面则是艺术上的要求。坛经殿珍藏的大部分是18世纪的珍贵壁画。跟唐卡不同，壁画都是佛经故事。西藏壁画技法丰富多变，须严格依照佛法定规绘制佛像，成像庄严肃穆，体态匀称。绘制历史故事和风俗画，则笔法古朴细腻，以几何结构描绘人物和建筑物背景，画面别具一格。西藏壁画所用颜料均为传统的不透明的矿物质颜料。

坛经殿的壁画因年代久远，有些人物辨认不清，而且绘画风格与现代迥异。更为复杂的是，坛经殿的壁画虽然是佛教题材，但其人物故事非常罕见。虽然在佛经上有记载，但在其他寺庙中几乎见不到，唐卡中也没有相关人物。罗布斯达需要翻阅大量的资料，根据年代风格，再加上自己多年经验得出的判断，补足中间的缺漏环节。

这项工作非常烦琐，对画师的要求非常之高。罗布斯达感到自己肩上的重任，因此他不敢稍加懈怠，每天勤奋工作，向18世纪的艺术家们致敬，向深深眷恋的西藏土地尽自己的一份力。

如今，7个年头过去了。坛经殿的工作也已接近尾声。罗布斯达为能与布达拉宫结缘而感到荣幸。

壁画传承义不容辞

传统工艺，传统用料（摄影：姚浩然）

年轻时，与爷爷等壁画前辈一起工作的经历，罗布斯达至今仍历历在目。前辈们技艺精湛，而且对绘画要求非常之高，如何用笔，如何选料，都非常讲究。如今，老一辈艺术家相继离世，有感于传统技艺濒临失传，罗布斯达感觉自己应该为之做些什么了。

2001年，罗布斯达开办了"勉萨派唐卡艺术发展中心"，现在成为国家级非物质文化遗产项目藏族唐卡—勉萨派保护单位，培养了大量唐卡艺术人才。

在艺术中心，罗布斯达亲力亲为，教授传统唐卡技艺，用料都是传统矿物质材料和植物材料，工具都是传统制法。对学员因材施教，不分学制和年龄，分为初级班、中级班和高级班。学员在这里学习唐卡的传统技艺，成为唐卡传承的新生代力量。

在布达拉宫修复壁画的几年里，罗布斯达感觉到传统壁画技艺已经走向没落，会的人越来越少。于是，他查资料做研究，搜集大量材料，将壁画绘制技艺申报了西藏自治区非物质文化遗产。相关部门非常赞赏，目前正在审批中。

还有半个多月（2012年），布达拉宫坛经殿的壁画修复工作也将告一段落。具体的工作结束了，但罗布斯达与壁画的情缘未了，他为壁画传承所作出的努力已经拉开帷幕。

"传统技艺不能失传，应该得到更好地保护和传承"，罗布斯达一再强调说。

3. 强巴格桑：我所经历的布达拉宫两次大修

如今，退休后的强巴格桑心里仍然惦记着布达拉宫——他工作了22年的地方。

强巴格桑原是布达拉宫管理处处长，虽然已经退休，但人们仍然亲切地称他为布达拉宫CEO。22年里，他走遍了布达拉宫的每个角落，亲历了布达拉宫史无前例的两次维修工程。

强巴格桑（图片来源：《讲述西藏》纪录片）

1989年，布达拉宫迎来了新中国成立后的第一次大修。也就是这一年，强巴格桑的人生与布达拉宫紧密地联系在一起了。"1989年4月10号，我到这边。第一期维修布达拉宫是文物局亲自搞的。我在这是搞什么呢？是搞后勤的。"

1991年1月1日，强巴格桑调入布达拉宫管理处。

1989年，布达拉宫开始第一次大规模修缮保护，专家在查看图纸（图片来源：《讲述西藏》纪录片）

在两次布达拉宫的大规模维修中,面对各种困难和技术困扰问题,强巴格桑都挺身而出,敢于承担重大责任。"这个时候,我心里特别紧张,整个这个险情的话不是一般的。"布达拉宫内文物数量巨大,历史上也没有全面系统的登记造册。在维修工程中,经常需要将文物暂时搬迁,在此过程中,经常又会发现新的文物。于是,强巴格桑决定对布达拉宫的所有文物珍宝开始清点造册。从1991年开始,他带着几个助手对几十万件文物进行清点和分类。

强巴格桑在维修现场(图片来源:《讲述西藏》纪录片)

1994年8月8日,维修工程顺利竣工。这一年,布达拉宫被列为世界文化遗产。然而,这次大修却并没有让强巴格桑彻底安心。1998年全国范围出现大规模降雨,强降雨对古建筑的损坏极为严重,布达拉宫的一些建筑开始出现局部倒塌等险情,危机四起。

布达拉宫被列为世界文化遗产(图片来源:《讲述西藏》纪录片)

强巴格桑开始对布达拉宫的房间逐个检查，却偶然发现了一个至今让他心惊胆战的秘密。"到红宫以后就进不去了。有一个窗户，锯了以后一进去，就看到了

布达拉宫维修场面（图片来源：《讲述西藏》纪录片）

23个顶。我就吓坏了，为什么呢？它整个四处的建筑是比较厚，5米厚，就是底下建筑的厚度，隔的那些比较薄。它裂缝比较多，虫蛀得特别厉害，结果我就吓坏了，我就重新开始找那个地垄。"

但是，没有任何建筑图纸的布达拉宫，人们一直不知道地垄的全面情况，要想知道地基是否稳固只有亲自勘测。强巴格桑说："最长的是17米，有些那是走路都走不了。就爬着走，是这样的。"强巴格桑不放过任何蛛丝马迹，他常常一个人爬软梯，钻进仅能容纳一个人的地垄墙洞，凡发现一处就立即通知专家，和勘探队一起完成地垄的加固保护工程。因为地垄的问题不解决，布达拉宫的隐患就永远存在。强巴格桑说："那是基础啊，是最重要的。"

打阿嘎（图片来源：《讲述西藏》纪录片）

几年下来，强巴格桑走遍了布达拉宫所有的建筑和几百处地垄，随着地垄的不断发现和加固修缮，既让现代人了解了布达拉宫的建筑原理，又让这座古老的宫殿变得更为坚固。

布达拉宫的珍贵古籍文物（图片来源：《讲述西藏》纪录片）

在五世达赖灵塔工程中，强巴格桑敢于负责，在检查五世达赖灵塔时，他发现十几米长的彩画大梁弯得非常严重，十几米高的柱子已经脱开十多厘米，大梁的挠度已经超过了规范，抢修势在必行，他对专家们说："你们承担设计，我承担计划外的项目责任。"为了工程质量和安全，强巴格桑和专家多次与经验丰富的藏族老木匠商量，只拆屋顶不动大柱子的梁柱加固方案，对大梁采取了增加通暗梁加箍的加固方法，使五世达赖灵塔殿取得了非常好的维修效果。

布达拉宫维修（图片来源：《讲述西藏》纪录片）

在第二期维修过程中，国家文物局曾专门请教敦煌研究院的专家帮助修补布达拉宫的破损壁画，强巴格桑专门派人去敦煌学习如何修补壁画，还专门请出从事西藏传统绘画的勉唐派传承人罗布斯达，共同研究查阅史料和经书，把损坏的壁画临摹下来，把脱落的部分补充完整。现如今，布达拉宫大部分损坏的壁画都已经得到修复，那些古老的艺术在石墙上曼妙起舞，栩栩如生的人物拨开历史的烟尘，鲜活的面容透出远古的气息。

在老人眼里的布达拉宫不仅是世界遗产，更是藏族人民的智慧结晶，也是我们中华民族的骄傲，一生能参与这座宏伟宫殿的维修和保护，无论是从技术层面还是古代建筑来讲，都是一生中不可多得的经历。

回顾二十多年来的每个万家团圆的日子，强巴格桑从没陪家人过过一个完整的新年，但看到竣工典礼的欢乐场面，他心里涌出无言的感动，强巴格桑深情地说："二十年过去，转眼满头白发，但仰望蓝天下的布达拉宫，用我最金色的年华换你昂然屹立、万人瞩目、人人向往，幸矣，足矣！"

退休后的强巴格桑仍对布达拉宫放心不下（图片来源：《讲述西藏》纪录片）

三、编辑视点：雪域高原上的古建筑保护

布达拉宫，藏族人膜拜的圣殿，藏族人民智慧的结晶。人们称它为世界屋脊的明珠，是中国古代建筑史上的杰作。

西藏的古建筑（图片来源：《讲述西藏》纪录片）

木雅·曲吉建才兼具活佛和古建专家双重身份，视古建筑乃至藏族传统文化保护为己任。自1980年至今，他先后参与了桑耶寺、扎什伦布寺、布达拉宫、罗布林卡、白居寺、大昭寺、哲蚌寺等30多座几乎西藏所有著名古建筑的修复工程，是一位名副其实的古建专家，对于古建筑的热爱自然非常人所能及。

罗布斯达与布达拉宫的结缘则是因为壁画。作为布达拉宫古建筑的一部分，壁画也具有极高的艺术性。凭着高超的绘画造诣，罗布斯达出色地完成了布达拉宫坛经殿的壁画修复任务，这成了他的骄傲和荣幸。

而强巴格桑虽不是科班出身，但是在布达拉宫长达22年的工作经历，让他对这座古建筑产生了非比寻常的感情。直到退休后，他还在关注着布达拉宫的一举一动。

在这些守望者的推动下，西藏的文物古建筑保护得到了越来越多人的关注。

目前，西藏共有全国重点文物保护单位35处、自治区级文物保护单位224处、市县级文物保护单位484处、历史文化名城3座。布达拉宫、大昭寺、罗布林卡列入联合国世界文化遗产名录。

在西藏，文物的保护和修缮，是一项浩大的工程。从20世纪80年代开始，在30多年的时间里，国家为此已经累计投入了14.5亿元巨资。这期间，大大小小的维修从未间断。这项旷日持久的工程，以巨大的资金和人力投入，保护了这些属于人类的珍贵遗产。

四、背景知识：布达拉宫

布达拉宫是藏族建筑艺术与民族文化光辉结晶的杰出代表，是中华民族的文化瑰宝。

布达拉宫的主体建筑分为红宫和白宫。红宫位于布达拉宫的中央，供奉佛像，松赞干布像，文成公主像和尼泊尔尺尊公主像数千尊，红宫的灵塔殿里，共有五世、七世至十三世达赖喇嘛等8座灵塔。

布达拉宫（摄影：陈卫国）

　　布达拉宫是西藏劳动人民的一个伟大创造。这座宏伟建筑本身，蕴含着极为丰厚的文化底蕴，它从多方面反映了古代藏族在建筑工艺、雕塑绘画工艺、五金锻造工艺等诸多领域取得的科技成就以及艺术成就，堪称是一座展示西藏古代科技文化成就的博物馆。它还真实地印证了藏族与中国各兄弟民族间密切而久远的经济文化交流史，忠实地记录了西藏地方与中国历代中央政府间密不可分的关系。它不仅是藏族人民的骄傲，而且是整个中华民族的骄傲。

　　1961年，布达拉宫被列入第一批全国重点文物保护单位。尽管每年都会对布达拉宫进行维修与保养，但随着岁月和自然灾害的侵蚀，隐患也渐渐增多。1989年，布达拉宫迎来了新中国成立后的第一次大修。国家文物局和中央有关单位先后联合派出六批专家，和西藏的古建筑专家、管理人员共同对布达拉宫进行了详细的实地考察。

　　从1989年到1994年，国家拨出5500万元资金和大量黄金、白银等物资，对布达拉宫进行了第一次大规模维修。对布达拉宫进行的首次重点维修在中国文物保护史上是空前的，被联合国教科文组织认为是"古建筑保护史上的奇迹，对藏文化乃至世界文化保护作出了巨大贡献"。2002年实施的布达拉宫二期、罗布林卡、萨迦寺三大文物维修工程历时7年，总投资达3.8亿元。从2008年起，国家又投入5.7亿元实施"十一五"文物维修保护工程。

　　布达拉宫以它特有的魅力吸引了无数的朝圣者和海内外游客。正因为有强巴格桑这样的守护者，这座古老的宫殿才能继续焕发着青春的光芒。

第四章
虔诚的西藏文化布道者

他们有的是作家、学者,有的是藏族,有的是汉族,他们在各自的领域都取得了非凡的成就,因为他们心中都有一个热切的愿望:传播藏文化,让更多的人了解这片土地。

一、讲述：藏文化的载体

藏文是世界上最古老的文字之一，是藏文化的重要载体。在西藏，用这种古老文字书写的典籍浩如烟海，正是藏文的诞生，使这片土地上的先民们记录和传承了他们悠远灿烂的历史文化。

在西藏的很多地方，都供奉着一尊塑像，他是藏文的创始人吞弥·桑布扎。公元7世纪，松赞干布觉得有必要创造自己民族统一的文字，他就组织聪慧的小孩，派到印度学习梵文，当时有一个弟子，就是吞弥·桑布扎。他求学回来以后，根据在印度学习的梵文，结合西藏原有的文字，创制了现行的这个文字。

珍贵的贝叶经（图片来源：《讲述西藏》纪录片）

藏文字的创始人吞弥·桑布扎（图片来源：《讲述西藏》纪录片）

藏文字的发明，给西藏文明带来了巨大的影响。一千多年过去了，这种世界屋脊上的文字一直沿用至今，从未间断。在今天的西藏小学、中学、大学，藏文都是一门必修课程。它作为基础教育的重要内容，贯穿学生的整个学习生涯。

学生们在上藏文课（图片来源：《讲述西藏》纪录片）

在过去，藏文字的学习需要依赖一种特殊的工具——墙星。"墙星"其实就是一块学习写字的练字板，一般用桦木刨光制成。用的笔就是一块小竹片。每次练习之前，先用装满白粉的氆氇包拍打整个版面，打上白线，然后蘸上墨汁开始书写。

　　今天，这样的书写在日常应用中已经成为了历史。但是，在藏文书法领域，艺术家们依然保留了这种最本色的书写方式。西藏大学文学院副教授、著名的藏学家、藏文书法家嘎玛赤列书写的巨幅作品曾创下了上海大世界吉尼斯纪录。他说："我用了三年多的时间写出来130多米的藏文长卷，被认为是西藏唯一的一个长卷。"

藏文字的学习需要依赖一种特殊的工具——墙星（图片来源：《讲述西藏》纪录片）

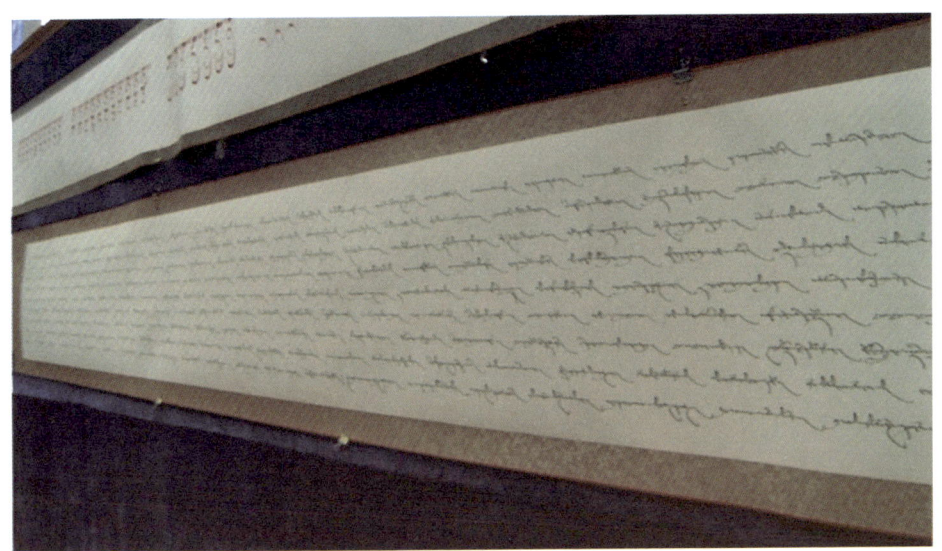

藏文书法家嘎玛赤列书写的巨幅作品曾创下了上海大世界吉尼斯纪录（图片来源：《讲述西藏》纪录片）

今天的藏文书法创作，依然使用传统的竹制硬笔。藏文有一百多种字体，不同的字体要用不同型号的竹笔来书写。嘎玛赤列的竹笔都是自己特制的。他介绍称："藏文笔的特点主要是竹笔，竹笔的话，越韧越好。韧度大的话，然后稍微流出来墨水的话就可以。"在书房里，点上藏香，铺上宣纸，一幅精美的作品就这样诞生了。

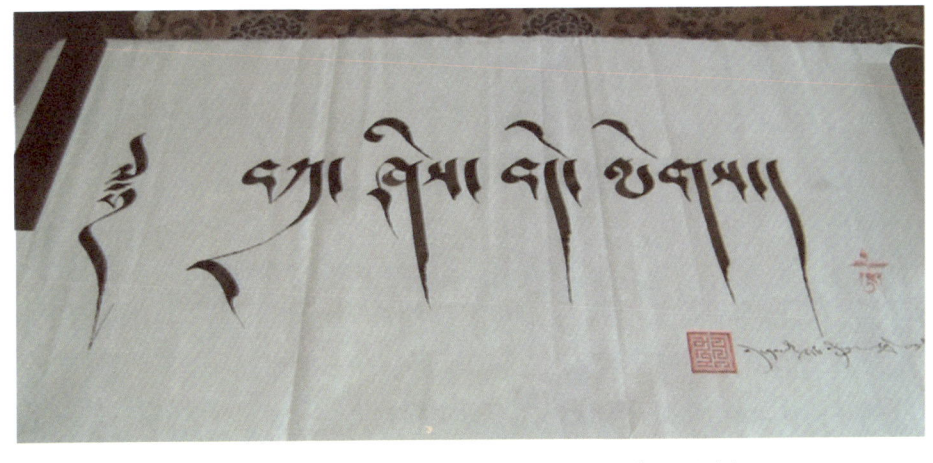

藏文书法家的作品（图片来源：《讲述西藏》纪录片）

对于一种古文字而言，仅仅停留在传统艺术的层面是不够的。文字的活力在于它的实际应用。西藏大学的藏文信息技术研究中心的课题就是研发藏文在信息领域的应用。欧珠院长是中心的学术带头人，近几年来，他的团队取得了丰富的学术成果。欧珠院长说："我们研发了世界第一款 Linux 版的藏文操作系统，能够支持藏文，还有 Office word 版，都已经转换成藏文版的这么一个界面。我们开发了多种不同的藏文字体，供用户去方便选择，这是为了便于学习藏语文，特别是学习拉萨语或者说学习普通话。咱们这边还开发出了一个汉藏在线的电子辞典，可实现双向汉藏语翻译。还有藏、汉、英语智能的语音教学系统，也就是点读机。"

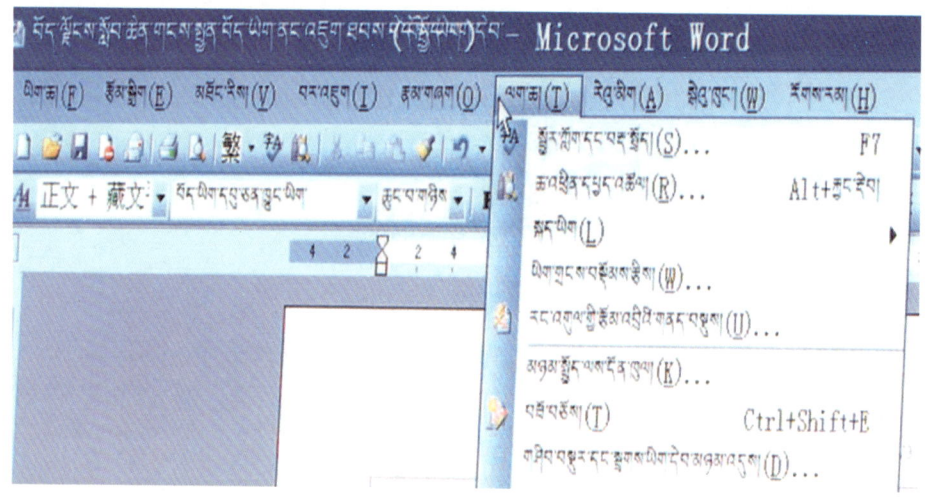

藏文 Office Word 界面（图片来源：《讲述西藏》纪录片）

据他介绍，21 世纪以来，随着整个中文信息处理技术的发展，国内的一些少数民族的语言也得到了突飞猛进的发展。"2005 年国家原来的工业信息产业部，即现在的工信部，专门立了 3300 万元的一个电子信息发展专项，其中立了藏文的一个专项，从国家层面上给予了经费的支持。之后教育部，包括国家自然科学基金项目，还有国家发改委在产业化这方面，也给出了很多经费，包括现在我们国家地方联合工作，研究中心的研究经费，教育部创新团队的发展计划等等加起来，光在这个领域当中，我们西藏大学就将近拿到 2000 多万元的专项科研经费来研究和开发藏文软件。"

藏语课堂（图片来源：《讲述西藏》纪录片）

正是这些新技术成果，让人们在日常应用中，依然可以方便快捷的使用藏文。现代化的步伐并没有割裂文化的传统，古老的文字没有因为信息化时代的到来而被迫走向消亡。

世界屋脊上的文字沿用至今，从未间断（图片来源：《讲述西藏》纪录片）

今天，在西藏有 14 种藏文杂志，10 种藏文报纸。《西藏日报》每天出版藏文版。从 2008 年开始，西藏电视台藏语频道实现全天 24 小时不间断播出。在教育系统，西藏全面推行以藏语文授课为主的双语教育体系，已经编译出版了从小学至高中所有课程的藏文教材和教学参考资料。这绝不仅仅是一种古老文字的延续，它是文明的传承，是一个古老民族文化血脉的延伸。

二、故事：虔诚的西藏文化布道者

1. 马丽华：从西藏歌者到叙述者

> 没有谁在召唤是我自己奔向草原
> 那是个泛绿的季节有雪也有风
> 有端庄的清晨有过于斑斓的黄昏
> 有瑟瑟开放的动人的琐碎花絮
> 草原是又一面星空
> 当幽蓝消隐便有碧绿闪烁
> 牧人是会唱歌的自然
> 我们是会写诗的自然
> 无论怎样的艰辛都用诗情充满
> 我们总那么浪漫主义
>
> ——马丽华《总是这草原》

她皮肤微黑，身材高大，声音洪亮，有着山东人的爽朗和西藏人的豪放，亲切随和如邻家大嫂，但她笔下的文字秀丽细腻，染着高原的风霜雨雪，她的名字在西藏当今文坛上占有一席之地。她就是著名作家马丽华。

23 岁进藏，一待就是 27 年。马丽华将自己最美好的青春献给了西藏，也收获了丰厚的系列作品：从诗集《我的太阳》、散文集《追你到高原》，到西藏自然人文地理纪实《藏北游历》、《西行阿里》、《灵魂像风》、《藏东红山脉》等《走过西藏》系列,以及《青藏苍茫》等,到《风化成典——西藏文史故事十五讲》,她个人也完成从西藏的行者和歌者到叙述者的蜕变。

西藏的行者与歌者

马丽华(图片来源:中国西藏网)

1976年,马丽华从山东临沂师专中文系毕业,同年进藏。在一路西行的列车与汽车上,一群年轻人有说有笑,单纯而执着。马丽华回忆说,她当时的理想是去农牧区当一名小学教员。

随后,马丽华在《西藏文学》编辑部一边担任编辑,一边从事创作。先是写诗,后专攻散文。最初十年,得工作之便,马丽华跑遍了大半个西藏。她最钟情的地方则是藏北羌塘草原,那里的神山圣湖间散置的星星点点的帐篷,那里的任劳任怨不知今夕是何年的健壮纯朴的牧人,那里的酒香歌声与天低云暗的彩虹雨线交汇出的图景,那一幕幕自然与人文交错闪现的神奇美、悲壮美与苦难美的伟观无不给她以巨大的视觉冲击与心灵震撼。几乎在完成各类报告的同时,一首首满含真情的新诗作也在那缺氧百分之五十的荒原的月光下、马背上、牛粪火堆旁流淌出来。马丽华的诗歌,早在20世纪80年代,就已名震西藏,为全国瞩目。这样也顺理成章地完成了她从公务员到作者、编辑、专业作家的身份转换。

1984,她终止了自己的诗歌时代,转向了她更为开阔与深厚,更贴近现实人生也更能解构西藏人精神世界的散文时代,她认为这是自己创作生命真正开始。

从《藏北游历》到《西行阿里》到《灵魂像风》,马丽华创造出了一种独特的文体,她用一支笔,无拘无束地从阳光灿烂的现实"风景",走进扑朔迷离的历史"风景",走进情感深处的精神"风景"。在远离了城市的霓虹和烦扰,在远离了酒吧、卡拉OK、百货商场,在青藏高原辽远的天空下,马丽华成长着,她的灵魂——像风。诵读这些作品,我们既可以相当深入地了解认知雪域文化强烈、神秘、诡异的斑斓色彩,多角度地透视藏民族的内心世界,近乎奢侈地徜徉于西藏的山川大地,去感受前所未有的自然与自我,更能领略作者从汉藏文化比较过程中的悲悯与沉思。有评家论道:"《走过西藏》既拥有游记的生动文采,又呈显出一种文化人类学的质译,一种类似于观察家记述的细腻气息。"

马丽华说,西藏的人文景观也是一个让她探讨不尽的话题。从一个传统文化浓郁的齐鲁之邦——山东,来到这个完全不同的、处处裸露着的高原净土,她不得不睁大了惊奇的眼睛。她说自己偏爱藏区的牧业文化,为此也追踪了许多年。在《西行阿里》中,马丽华以酸楚的笔调感叹道:"然而我毕竟是个外来者。同一切外来者一样感到了深入异地精髓之难,从而止步于难以逾越的心障前。这一点,不经提醒往往难以自觉。而某些提醒实在令人委屈、尴尬,并且愤怒。……分属不同族群的人们同而为人,何以不及阿里的犬、马异类间同生共死的亲密无间!"同在此书里马丽华又不无骄傲地写道:"西藏本身不具备更多,除了石头和冰雪;但通过对它的凝视,它给予的一瞥便可成为无限。"

西藏历史的叙述者

30余年里,马丽华在走遍了西藏的高山大川之后,又朝向历史岩层的纵深开掘。

马丽华在西藏（图片来源：西藏文化网）

她说："我读西藏这部大书，读了三十多年，通过写这本《风化成典》，自我定位为'转述者'——西藏历史文化的转述者，藏学研究成果的转化者。以前的纪实作品例如"走过西藏"的四本书，是田野考察的所见所闻，这本书更多的是借助书斋案头工作：看书查资料。也有一个基本的自我评价：如果说'走过西藏'是本人代表作，《风化成典》则是我写过的最好看的书。"

《风化成典》从青藏高原的形成、"拓殖"，经历新石器时代、金属时代、有文字记载的吐蕃王朝，直写到20世纪50年代左右，其间作者不间断地使用着交错、互动的叙述方法，写西藏历史的变迁不忘照应内地的文化演进。

有评论称，作者其实无意于缩写一部严整的西藏文明通史，她只是想通过西藏历史上一些已成为文化密码式的人物、事件，来解读、演绎西藏历史文化的底蕴和精神。

作者马丽华说："自然界的风以可感的流动，人世间的风以岁月的形式，那样一些曾经，曾经的曾经，登场又谢幕，风水轮流转。大到历史经验，小到个人命运，这片高寒的土地上演绎过多少悲欣交集的鲜活剧目。在以岁月形式的风化过程中，大多成尘，不知何往；仅有少数人事，因其自身质地的缘故，沉积下来，风化成典——典故，典范，经典，名典。拂去尘埃，披沙沥金，才有了这样一本书的有限呈现"。她力图使冰冷的历史变得有温度，有灵性，有色彩，可以触摸。

确实，这本原来只是准备写给西藏青少年阅读的通俗性文史著作，或者如作者所言，只是准备写一部有关西藏历史的"故事书"，却由于作者长期的积累和才情的卓异，也由于作者作为诗人和散文家笔致的越轨，使得本书的写作超出了预定的目标，变成了一本集历史、传说、散文于一体，把知识与考古、宗教史与人情、远古与现代性汇合到了难以命名和分类的书。

马丽华说："有些时候我希望自己能被西藏所怀念。在怀念的时候，被怀念者本来的价值也许就会一点一点地呈现出来。但西藏在想起我来的时候，我是一个怎样的形象呢？是一个逗留得太久，热情也持续得太久的行吟诗人吧，是一个喜欢张望人家的生活情景、喜欢打探人家的人生之秘的好奇的旅人吧，是一个执迷投入但始终不彻不悟不知圣者为何物的朝圣香客吧。"

2. 郑堆：虔诚的西藏文化布道者

中国藏学研究中心副总干事郑堆（图片来源：中国西藏网）

将历史、地理、文化、艺术、宗教、科学、生活……方方面面的知识抽丝剥茧，娓娓道来，这便是现在我们所看到的《这里是西藏》。

在作者郑堆的办公室，各种图书资料触目皆是，对自己的这本新书，作者坦言，他把这看作是一个介绍西藏和自己家乡的好机会。将文化精心调配，推陈出新是"西藏文化之旅"丛书的主线，《这里是西藏》当然也不例外。

"这里是西藏"，非常亲切的几个字，不像"西藏概说"之类的名词一本正经得令人望而生畏。这种风格也源自作者介绍西藏这样一个纯粹的愿望。"西藏是我的家乡，"郑堆说，"但这对不同的人来说，西藏会是不同的概念。他们可能会想到雪山、雅鲁藏布江、藏北无人区、阿里等不同的地方。如此丰富多彩的内容，一本书想要毫无遗漏，那是'不可能的'。"

而这本书的出彩处便在于它独特的文化气息。对此，郑堆解释道："比如我家乡江孜有藏传佛教不同教派和谐共处的白居寺、1904年抗英遗址的城堡等等，这种文化内涵和历史意义就是我们需要凸显的……"凡此种种，不一而足。

图书市场上西藏的图书众多，一本新书想要取得成功也是一种挑战。谈到优势，郑堆认为，整套书都是由学者来执笔，"我们做出来的风格比较严谨，没有道听途说内容。叙述也力求明白如话"。

翻开这本书，笔者发现这的确是一本图文并茂的读物，翔实的文字与几百张美图相得益彰，质感的纸张与版式，无不体现了作者的真诚与制作的精良。相信这样一本书，不管是对专家学者，西藏文化的爱好者，还是想要了解西藏的普通观众来说，都是适于阅读的。

关于西藏，有太多的认知来自宗教，如寺院、转经筒，种种民俗都带着神秘的色彩。对此，郑堆给我做了正本清源的介绍，他说，宗教是西藏文化的一部分，历史上的西藏文化有"大五明"和"小五明"等几类，其中的"大五明"包括声明（语言学）、工巧明（工程学）、医方明（医学）、因明（逻辑学）和内明（佛教）五种，宗教文化只是其一。而现代西藏文化更加百花齐放，多姿多彩。对文化来说，一花独放不是春，万紫千红春满园，此言信矣。

宗教作为一种传统延续到现在，必须要面对如今的信息时代。信息时代已打破了人们既有的生活常规。过去常说家书抵万金，现在收发 E-mail 不过信手拈来，短信操作可以转瞬完成。这种现实社会的演变将会怎样影响宗教世界呢？

文成公主将中原文化传播入藏（图片来源：《讲述西藏》纪录片）

对于这个问题，郑堆说："寺庙里手机几乎人手一部，汉语英语被很多人掌握，手机与网络都出现了藏文界面，僧侣们能更快地了解世界，这会引起思维方式的更新。新传播方式会影响传统文化，新科技把物理世界展示在人们面前，进而影响佛教已有的宇宙观，新知识与宗教理论中的世界的相互启发，有利于更好地理解经书里的概念。善用网络这把双刃剑，传统文化的繁荣是能够期待的。"

西藏不但有千余年的文化积淀，近年来有西藏文化开始风靡内地乃至海外。不论是西藏风的影视音乐作品，还是"去过西藏吗？"成为年轻人口头常见的问候，正象征着一股关于西藏的流行风潮正在形成。原因何在？郑堆说，这因为国内外有很多人希望了解西藏文化。一个在青藏高原上繁衍生息族群，创造出那样一种神奇浓郁的又有宗教色彩的灿烂文化。这些元素令人无比惊奇，吸引着五湖四海的游客。一句"越是民族的就越是世界的"的箴言，道出了根本所在。

西藏和内地文化从来就不是彼此隔绝的，我们的互动是由来已久的。从唐代文成公主进藏开始，西藏就与内地展开了层层深入的交流，后世朝代绵延不绝。两地佛文化的交流是首当其冲，比如内地的藏传佛教名山五台山香火旺盛。这自唐宋以降留下来的传统亦成为近日西藏风流行基础。

《这里是西藏》封面 （图片来源：中国西藏网）

西藏与内地的互动与交流形成了很好的示范，而因为我们与国外欠缺这种交流，使国外传媒根深蒂固的偏见无法化解，经常出国访问与进行学术交流的郑堆对此感受颇深。

他说，我们经常看到海外有些媒体对西藏得报道有偏见，不够客观，结论也经不起推敲。这种情况的根源是双方缺乏了解。而且，彼此双方，无论是面对政界人士，还是面对各大媒体，靠语言让外国人了解事实并试图说服他们很不容易。此时，郑堆经常亲自现身说法，"我专门研究宗教问题，这个话题就能有发言权；藏区生活方式的变化，我自身在藏区生活很多年，也可以作为证据；我自己就是西藏现代教育事业的受益者，所以我也能谈西藏从小学到大学的教育体系"。

尽管如此,现身说法的话还是会被半信半疑,此时此刻,建议对方亲自去西藏看一看便是唯一的解套方案了。因为"去过和没去过的交流起来是不一样的,没去过的还要解释半天,去过的可能一说就明白了"。郑堆说。

"纸上得来终觉浅,绝知此事要躬行。"对于西藏的认识,人们也只有亲自去观察体会过那里的风土人情后才会有真切的认识,而《这里是西藏》的重要使命也在于,能向不了解西藏的人去介绍,还原这个地方的本来面目,同时也希望能够起到加深认识和启迪思想的作用。

我们见证了作者发自内心的那种使命感,在学术研究上耕耘不辍,在藏学研究的最前沿不断取得新成果;亲自带团赴海外进行交流,让真实的声音消弭偏见的迷惑,今天他又为我们带来了这本一分量十足的西藏读本,其间所熔铸热爱西藏的拳拳之心,可昭日月。

而我们眼前的这本《这里是西藏》,努力地勾画着西藏的轮廓。西藏永恒的魅力和神秘的诱惑不再遥不可及。除去了神秘的色彩,西藏文化的每一个细节都跃然纸上。羊卓雍错的湖面不再为雾气所笼罩,喜马拉雅山顶的圣洁之光再次普照,一个更加真实、更加值得我们热爱的西藏将呈现于我们面前。

对西藏的印象,此时将连缀成一幅生动鲜明、栩栩如生的丝绢唐卡;又如同一杯酥油茶的热饮,回味绵长,袅袅不绝。

3. 江洛金·次旺云丹:藏文化传播的探路者

次旺云丹认为必须走市场化道路,投入商业元素,用开放、包容的姿态和观众普遍能接受的方式来讲述西藏的历史和文化。

他是第一位藏族策展人、商人、电视剧制片人,他出身名门,身怀"兼济天下"之心,情系藏文化的继承与传播,看重雪域高原千百年来的沉淀与机遇,致力于将西藏用新的方式与思维推广。他就是江洛金·次旺云丹,一个自诩为"混在北京"的藏族人。

次旺云丹1975年出生在西藏自治区。他所在的"江洛金"家族为西藏历史最为悠久的家族之一,兴起于七世达赖喇嘛格桑嘉措时期,当时西藏的一切政治事务全由家族统领颇罗鼐总理。执政期间,颇罗鼐平定了内乱,得到了雍正皇帝的御封,为"辅国公",成为家族世袭的爵位。同时,颇罗鼐对西藏地方文化也做出了巨大贡献,他主持完成刻印了六世达赖喇嘛未完成的《甘珠尔》经,并将整套经板赠送给了五世班禅修建的大型印经院进行印刷。拉萨大昭寺及三大寺的修缮也是在颇罗鼐执政时期得以实施。

江洛金·次旺云丹(图片来源:中国西藏网)

良好家庭氛围给予他的不仅是物质生活方面的富庶,更多的是包容探索的心态和对自身责任的认知。

"大学时,同宿舍的人不知道从哪听说藏族人不洗澡,便很直接地来问我。以前有藏族同学因为这些民俗问题打架,但我没有这样做。我耐心地跟他们解释西藏独特的地理环境,以及沐浴节的盛况。"次旺云丹认为,在多元包容的交流环境中,会增进彼此了解和友谊。而这,正是新一代藏族年轻人最应该意识到的问题。

从小就对藏族文化情有独钟并且耳濡目染，他选择了藏文化策展工作，成为中国历史上第一个藏族策展人。2010年的7月10日，一场旨在弘扬西藏文化，推动西藏对外文化交流的艺术盛宴在北京拉开了帷幕。"魅力西藏——首届北京品众西藏油画展"不仅用形态各异的笔触向世人描绘了西藏的风貌，宣传了西藏，同时也为西藏艺术家开拓出了良好的沟通和交流平台。策展人正是次旺云丹，这是他第一次把西藏的油画艺术，庄重而严肃地推广到大众面前。他说："我想做一个探路者，找到适合传播和推广藏文化的路子。"

2013年，随着电视剧《西藏秘密》在央视八套热播，引起巨大社会反响的同时，也把这个"探路者"制片人推到了风口浪尖。

在《西藏秘密》拍摄过程中，次旺云丹并没有仅作为投资方，而是从剧本编审、演员服饰、场景打造等方面全身心参与其中。有一场戏开拍前，次旺云丹亲自领着身穿西藏贵族服饰的演员去到自己家，让家里的老人看一看像不像当年贵族的穿衣打扮。

《西藏秘密》剧照 （图片来源：中国西藏网）

"在做少数民族文化，尤其是藏文化的传播和推广中，一定要考虑受众的因素。同时，也得兼顾市场化和商业化的视角。只有做到后者，才能既葆有原汁原味的藏文化精髓，又能打开世人了解西藏的通道。"

次旺云丹认为必须走市场化道路，投入商业元素，用开放、包容的姿态和观众普遍能接受的方式来讲述西藏的历史和文化。

因为《西藏秘密》里"求新求变"的大胆想法，批评、批判甚至诋毁的声音也纷至沓来。

"有争论就代表有关注，要客观分析并虚心接受批评。其实我的初衷很简单，就是要做一部好看的西藏题材的电视剧。"面对质疑，次旺云丹说道，"这部戏是用'藏人说藏事'的方式，在真实的历史背景下进行创作，用虚构的人物、艺术加工的故事来体现那段真实的西藏社会。我们并不想通过这部作品去对某个人、某个历史阶段定性。而是想通过一种新的方式和思维去传播藏文化。"

不难看出，对于藏文化与内地文化的交融方面，次旺云丹并不是一味地寻求"客观的真"，而是更多地涉及"包容的变"。"藏文化里有很多好的、值得挖掘的东西，只是尚未找到适合它的传播平台和运作模式。而市场和商业是藏文化走出去的必经之路。"《西藏秘密》无疑是一个成功的尝试。

"无论是汉族人、藏族人，还是其他少数民族人，在面对这个信息化、网络化和市场化的世界时，一定要开阔自己的眼界，要包容和理解多元素的文化。"当次旺云丹谈及如何看待世界时，他的思路无限开阔。

西藏文化的传播，也需要懂西藏、了解西藏的西藏人才能实现真正意义上的传播，才能从真正意义上去诠释这样一场画展，这样一场文化盛宴。次旺云丹，他就是这么一个打通文化差异的"翻译官"，一个艺术经典薪火传递的"使者"。

4. 赤烈塔尔沁：阿里高原上的愚公

对西藏文化界而言，赤烈塔尔沁并不是一个陌生的名字，他在多年前出版的《千古绝绘——西藏阿里古代壁画选辑》一书对阿里古代壁画本土视觉的挖掘和探索令人称奇。2011年9月，他刚刚出版新作《阿里史地探秘》，是其毕生心血的总结之作。

赤烈塔尔沁（图片来源：中国西藏网）

赤烈塔尔沁先生说："写作本书的初衷最早可能是在20世纪90年代开始就有的，我15岁参加工作，东奔西突，和各种各样的人打交道，家乡话说不好，卫藏方言也说不地道，汉话也马马虎虎，说的是夹生的'四不像'话，可能给你的采访带来不便。所以我至今还是认为一个人没有接受完整的教育是非常可悲的，将会留下终身的遗憾。但是我们生在那个年代那是没有办法的事情。"

赤烈塔尔沁出生在阿里地区日土县日土村一个牧民的家庭，母亲是个特别勤劳、善良、合群的人，受到整个这一地区的人们的尊敬和爱戴。刚开始的时候人们还管叫她"噜呲尼玛"，意思是牧羊女尼玛。后来，时间长了，这里的人们都尊敬地改叫她"阿妈尼玛",她成了整个部落的母亲。

赤烈塔尔沁不到十岁就被家里送到寺院里当了个小沙弥,由于比较聪明乖巧,年龄也是最小的,经师比较喜欢他,教他读写藏文字母,用几年时间打下了一点藏文基础。

日土和平解放后,他和同伴被送进新式的民办学校,在写字板上学写藏文,度过了快乐的一段时间。但是很快的,他的继父双目失明,不能动弹,家里的生活又陷入困境,我只好回家,在一个牧场上当小马倌,再也没有机会上学。

《千古绝绘——西藏阿里古代壁画选辑》(图片来源:网络)

15岁参加工作后,赤烈塔尔沁先后担任过办公室公务员、电影放映员、县文教局副局长、县政府领导、地区教体局书记、地区文化局局长、地委宣传部部长、地区政协副主席等职务。

　　1971年，阿里措勤县成立时，把他借调过去工作一年，但赤烈塔尔沁在那里一待就是13年，大好的青春年华在措勤度过了。"因为工作需要，我始终没有完整的机会去上学深造，三四个月的进修机会有过两三次，在中央民院待过一年多，我的汉文基本上是自学的。我从小就有一种强烈的学习欲望，小时候非要在地上比比画画，嘴里念念叨叨才觉得过瘾，长大以后也有一种永不服输的劲头，什么都要做好才罢休。"

　　2004年，赤烈塔尔沁生了一场重病，身体状况不允许他再回阿里，于是他就在拉萨买了房子，安下家。"时间长了，就越来越有一种紧迫感。一个是内在的紧迫感，你活在世上必须为社会做点什么，留下一点成果，报答父母的养育之恩，才不枉一生一世；还有一个是外在的紧迫感，也可以说是环境逼出来的。比如我在当文化局长的时候，有很多各地来的专家学者会问我们很多问题，如果作为当地土生土长的文化局局长我都答不上来那是实在说不过去的，别人又会怎么想呢？特别是接触到一些深谙阿里文化的大家，我是打心里羡慕。我们阿里地区地处边远、交通不便，地广人稀，过去是很封闭的，我是土生土长的阿里人，虽然以前模模糊糊听说过布让（普兰），岗仁布钦，'马年大转'，但对近在眼前的'古格'可以说是闻所未闻、一无所知。但现在今非昔比，我们有这么好的交通条件，这么好的通信条件，你一个阿里人还不懂阿里文化是一种悲哀，再加上工作范畴使然，你必须读懂阿里，否则你是不称职的"。

　　所以赤烈塔尔沁读了很多书，接触了很多当地的大德，对阿里的历史文化算是有了初步的了解。退休以后，他的想法更多了，他觉得自己必须报答阿里人民的养育之恩，报答父母的养育之恩，报答政府和国家对我的知遇之恩。

　　"大的事情我也没有能力做，但我的病也没有到卧床不起的程度，就量力而行，做点力所能及的事情。还有一个是，由于阿里复杂的方言等原因吧，阿里的地名、人名等张冠李戴的不在少数，如有的书把阿里西部拉达克一带古代地名玛尔域与原属阿里南部的吉隆一带古地名芒域相混淆，把很多历史事件和历史人物过去活动的地域来了个乾坤大挪移，本来是发生在拉达克的事情说成是发生在吉隆；又如，错木昂拉在当地地名中就是错木昂拉，不叫班公错，而很多地图把日土的错木昂拉和位于热角的邦库尔错相互调换，甚至又把藏语邦库尔写成'班公',继而又把这一非法地名当成错木昂拉的称呼,在发现这些错误以后,有的文章又自作聪明地加括弧写为:错木昂拉(班公错),那就更加得不知所云啦。这起码是对当地文化不够尊重吧"。

所以,他想趁还有很多懂历史的老人活着,去做纠错的工作。这样,他就在五十多岁的时候自学电脑,先学汉文打字法,再学藏文打字法,尽管起初打字时手指十分僵硬,动作也相当笨拙,但他把自己定位成阿里高原上的愚公,一字一句的勤耕不辍,最终积少成多敲出了这些文字。

正在他忙着写书的时候,眼疾发作了,他于2006年和2008年分别做了左、右眼白内障手术。"感谢科学技术,感谢我们国家现在有这么好的条件能让我继续工作。"

忙活了半天,字是写了不少,但还是不成文,他忐忑不安地找到以前在阿里有合作关系的四川大学李永宪教授,李教授以极大的热情和耐心,前前后后看了两遍,赤烈塔尔沁终于放心了。他说:"写一本书,尽管丑陋不堪,但已梦想成真。作为不曾受过高等教育的凡者,撰写一本书可是件大事、幸事。然而,其功劳理当归功于已深入我骨髓的故乡——阿里的雄浑深厚和博大壮美,归功于我尊敬的李永宪先生,归功于安详无忧的退休生活,归功于白头偕老的老婆子,归功于热情帮助、慷慨解囊于我的老朋友,归功于我们这个充满阳光、充满和谐的伟大时代。我写的野生动物不行吗?日土的一些内容不行吗?还是可以的吧。因为这是我付出了心血的作品,所以我自己是非常珍惜的。"

5. 汉裔双语学者赤烈曲扎:藏汉文化交融的使者

在西藏,他被称为"团结族"——虽是汉裔,但身上流淌着一半藏族血液。

1937年,赤烈曲扎出生在一个汉裔家庭中。他的家族世代以裁缝手艺为生,到他这辈是第五代。据说,他的祖辈是当年清代陆军进藏时期迁徙过来的,大都是手艺工匠,他们随清军进藏到拉萨后定居下来,跟当地的藏族妇女结合,才有了像赤烈曲扎这些流着汉、藏血液的后代。可以说,真正的民族团结是从那时候开始的。

1954年，17岁的赤烈曲扎在拉萨留影（图片来源：中国西藏网）

　　赤烈曲扎的父亲汉名叫瞿家珍，藏名是次仁旺堆。母亲叫贡觉，是土生土长的藏族人。父亲给他起了个汉名，叫瞿国纲。赤烈曲扎则成了他的藏族名字。

　　在他不到两岁时，父亲就去世了。按照当地习俗，年轻的母亲带着姐姐回了娘家，他只能留在老屋，和爷爷、奶奶相依为命。

　　"要好好学习，不要贪玩，要成为一个有文化的人。"这是赤烈曲扎入学前爷爷特别强调的一句话。他希望赤烈曲扎能改变家族世世代代靠手艺勉强度日的命运，成为一个有知识的人。爷爷当时恳切的表情在小小的赤烈曲扎脑海里留下了深刻的烙印，影响了他的一生。

1956年，从拉萨前往内地途中，后排站立者为赤烈曲扎（图片来源：中国西藏网）

赤烈曲扎的求学生涯与那个时代一样，可以用跌宕起伏、百转千回来形容。

1943年，大概赤烈曲扎7岁不到的时候，爷爷把他送进了位于拉萨蒙藏委员会驻藏办事处楼下的"国立"拉萨小学。这所学校把内地的方法带过来，比较正规。有很多学生跟我一样，是汉裔的西藏人，听不懂汉语。因而一、二年级会开设藏文课，三年级以后则以汉语文为主，还有算数、公民教育、常识等课程。赤烈曲扎就读的是汉文班，不仅不用交学费，家境贫困的他还能得到一点生活补助。这段读书经历持续了5年，给他打下了一个很好的汉语基础。

1948年，学校因故关闭。赤烈曲扎被母亲送到了色拉寺，剃度受戒，成为了一名僧人。之后，保留僧籍的他又被送往甲巴康萨私塾开始学习藏文。

一直到1951年解放军进藏，赤烈曲扎在私塾待了两年，已经能够熟练掌握藏文的交流和使用。

1951年解放军进藏后，西藏工委和军区成立了藏干校的社教班，专门提供给社会上一些想学知识的年轻人，很受藏族青年人的欢迎，但当时色拉寺并不允许在籍喇嘛去参加。1952年雪顿节刚过，赤烈曲扎从寺庙逃跑，躲到舅舅家里，告诉舅舅和母亲，自己想到社教班学习。几经波折，他们帮助他疏通关系，辞掉了僧籍。之后，在一个小学同学的引荐下，赤烈曲扎进入社教班学习，终于实现了自己长久以来的夙愿。

社教班的条件相对俭朴，有的直接在林卡里头搭个帐篷，帐篷杆子上靠个黑板，大家席地而坐。尽管如此，但丝毫不影响大家的学习热情。社教班非常注重藏汉双语的学习，老师讲爱国主义，让赤烈曲扎对党和国家有了初步的认识和了解。讲课的方式也是入里入耳，带有协商的口气，而非命令式的。这点让他很受用。

社教班就像一个转运站，把愿意学习的社会青少年培养起来，再送到内地接受更好的教育，费用由公家承担，总体目标是团结一切可以团结的力量。因此其中不乏贵族子弟，这种任人唯贤的方式培养了更多有用的人才。

1953年9月，赤烈曲扎被正式吸收为歌舞队队员，开始发学员工资，这成了他工作生涯的开端。家里的境况也因为他工作的原因，有了很大的改善。

20世纪60年代，赤烈曲扎在拉萨中学授课（图片来源：中国西藏网）

赤烈曲扎从事汉藏双语翻译工作，是水到渠成、顺其自然的事情。

1956年，为响应周恩来总理"少数民族没有文字的要创造文字，有文字的该要规范的要好好规范"的指示，国家民委、中国科学院、中央民院联合启动一个大型的语言调查活动。当时，正在中央民院预科一部工作的赤烈曲扎和部分同事被调到语文系，专门学习语音学和语言学，为下一步到全国各少数民族地区进行语言调查打好基础。也就是从那时候起，他的人生和"语言"结下了不解之缘。

调研工作结束后，他自愿申请去拉萨中学任职，成为拉中最年轻的教研组组长。

在拉中，赤烈曲扎有两项任务：一是给校领导上政治课时当翻译；第二，教藏文。当时全国进行第一次教学改革，他认为藏文课光讲经书不太合适，就自己动手翻译方志敏的《可爱的中国》和魏巍的《谁是最可爱的人》等。没想到，这些文章在学生中很受欢迎，在当时的环境下，这是一次了不起的创新，它改变了过去单纯的宗教教育，变成了文化知识的教学和传授。

这次尝试的成功对赤烈曲扎是莫大的鼓励，也坚定了他从事藏汉翻译的信心。他开始利用业余时间学习藏族历史、文化方面的知识。从西藏著名的星相大师益西群培那里，系统地学习了藏文《诗镜》上中下；向原社教班的老师钦饶维色老师系统地请教了藏语的《三十颂》和《音势论》等文法概要；向甘丹寺色宫活佛比较完整地学习了因明学概论等，这些对提高他的藏文水平帮助很大。

此后，赤烈曲扎又被调到文教厅教材编译室工作，从事扫盲教材编写，承担了西藏人民广播电台藏语广播讲座。当时的西藏自治区党委很重视在藏汉族干部中推广使用学习藏语文，藏语讲座产生了很好的作用。

赤烈曲扎说："双语工作对汉藏文化交流、维护民族团结有积极作用，一定要掌握好。"

说起双语工作的重要性，赤烈曲扎认为怎么评价都不为过。首先，双语工作在促进藏汉文化交流、维护民族团结的过程中所起的作用是不容忽视的；其次，通过藏汉学者的共同努力，可以澄清历史上的一些关于西藏、藏汉关系的错误认识。

赤烈曲扎（左一）出访意大利，与外国学者交流 （图片来源：中国西藏网）

到出版社以后，赤烈曲扎从普通编辑一直做到总编辑，关注的焦点始终是有关藏汉关系的书籍。最近几年，他的重点工作是《藏族翻译史论概要》的写作。过去没有"藏汉翻译学"这个概念，赤烈曲扎写"藏汉翻译学"也得从"藏族翻译史论"开始，这里面要牵扯很多资料。比如，关于苯教的内容，他要把苯教和象雄文化里涉及语言文化的、有用的东西吸纳过来，把要害的东西提炼出来，以理服人。

赤烈曲扎一生都在从事藏汉文化交流工作，赤烈曲扎说，这首先是由他的出身决定的。在这个过程中，他切身体会了双语工作在文化交流、民族团结、民俗传承方面的重要意义。因此，无论藏族、汉族藏学工作者，还是从事民族事务公务人员，都应该好好掌握藏文和汉文两种语言，并且要互相多交流沟通，为增进民族团结做点儿有益的事情。这就是赤烈曲扎的希望。

6. 多贡·桑达多吉：拉萨礼仪文化的守护者

城市是文明的起源地。随着文明的发展，当生活质量上到一定层次，人类的礼仪行为才真正丰富起来。汉地由于受到儒家文化的影响，西藏由于宗教文化的兴起，形成了很多礼仪行为。桑达多吉说，比较而言，东方人的礼仪文化可能远比西方人复杂得多。

多贡·桑达多吉是西藏大学教授、硕士研究生导师，是拉萨知名的礼仪专家。他将人与人之间的礼仪大致分为三个部分，一种是发自内心的礼仪行为（比如你打心眼儿里尊敬一个人，你对他的礼仪行为一定是自发的），一种是不管你是不是发自内心，由于社会交往的需要而自发调动，以及社会道德的要求和处于对自身社会形象和修养的约束而形成的礼仪行为，还有一个就是对文明行为的学习或模仿而形成的礼仪行为。

桑达多吉编著的《藏语敬语藏汉英对照手册》（图片来源：中国西藏网）

在卫藏地区，江孜、日喀则等，尤其是拉萨作为西藏文化中心，礼仪文化是特别丰富的。"在语言、行为上都有很多讲究。我记得过去的人在公众场所聚会，每个人都会争先恐后的抢座位，它本身就是一种礼仪行为。但注意，他们不是抢最好的座椅、最舒服的地方，而是抢最差的位置、最远的角落，

表示我对别人的尊重,表示我懂得礼貌。"

"过去说话也是有讲究的。说出的话要谦和、动听、有意义,对方才容易接受。你到一个地方办事,不管事能不能办成,你说话礼貌周到、行为得体,别人至少是乐于接待你。否则,即使你有天大的理由,如果连基本的礼节都不懂,对方也可能心生不悦。"

桑达多吉认为,随着人们生活的富足,更多的人过上了文明生活,继而对自己就有一种社会定位,有一种约束,别人尊敬我,我也必须尊重别人。拉萨是一个典型的移民城市,很多人从农村牧区来到拉萨生活,他们的文明用语量就会大大增加。这就是他们对城市文明的一种认同——我也是拉萨人,我也要说拉萨话。"总的来说,拉萨城市人的文明行为在进步中,你可以看到年轻人说敬语,公交车上给老年人让座位,我相信会越来越好。"

但是,在如何使用敬语等方面,桑达多吉认为还存在一些突出问题。他把这些问题它归纳为三点,一个叫"跛脚敬语",一个叫"动词重叠敬语",一个叫"主次颠倒敬语"。

"跛脚敬语就是只会使用一半的敬语,还有一半的话使用俗语,显得不伦不类;'动词重叠敬语'就是把两个相同意义的动词敬语连在一起使用,不合语法规律;'主次颠倒敬语'就是给别人说敬语的同时也给自己用了敬语,譬如'我已经用膳了'。这不是什么大问题,但也不能置之不理,礼仪生活应该从细节抓起,从小处做起,持之以恒,严于律己。"

"这里还有一点,题外话,但我想说一下。20世纪90年代我在法国做访问学者,听说巴黎的老城是拿破仑的一个女儿设计的,不允许盖六层以上的楼房,所以它的视觉通道保护得特别好,视野特别开阔。拉萨以前也是这样,在城市的任何角落都能看到布达拉宫。但现在高楼大厦有点多了,视线效果受到一定影响。礼仪生活无处不在,我希望我们的政府能把城市规划搞得更好,你把一个城市搞得很漂亮、很舒服、很适合人居,对市民来说,对新到这里的人来说,也表明城市管理者有很好的礼仪素养。"

桑达多吉老人住在拉萨市东郊小区,家庭结构简单而气氛和睦,他和老伴、女儿和女婿,一岁的孙子,还有两个小保姆。女儿是二中的老师,老伴没有工作。

"我老伴今年64岁,身体还可以,"桑达多吉老人特别介绍,"她小时候篮球打得好，她和队友们被称为拉萨中学的'女篮五号'，乒乓球也打得好，得过名次。"那时候体育人才很吃香，一度被借调到各大单位参加比赛，桑达多吉的老伴也被建设厅调去打篮球，但她很实在，比赛结束后又回到原来所在的建筑合作社当会计，"所以没有退休待遇"。虽然老两口的收入和社会地位悬殊，但显然他们家庭和睦、生活幸福，不愧为礼仪生活的典范。

三、编辑视点：文化传播需要更多懂得的人

文化是一个民族的灵魂，是一个民族精神的载体，也是一个民族生存发展的重要支撑。西藏文化是中国文化宝库的一个重要组成部分，有许多值得认真发掘的思想和智慧，蕴藏着丰富的、可资借鉴的经验和知识，有着十分巨大的开发价值。

马丽华，作为一个闯入者，以朴素谦虚的心态，对西藏的自然、风俗、艺术、信仰等进行了详尽的考察和表达，亲身体验西藏的文化特点和精神，去解读、演绎西藏历史文化的底蕴和精神。而郑堆这样的学者和研究者则是深深沉迷于自己家乡的文化中，不断地去探索，也自觉的、有意识地去传播，让更多专家学者、西藏文化的爱好者以及想要了解西藏的普通观众了解他们的家乡。

次旺云丹对于传统的文化传播者来说，是个异类，他的家庭背景和成长经历，让他清楚地认识到市场的巨大影响力，他懂得利用商业元素，用开放、包容的姿态和观众普遍能接受的方式来讲述西藏的历史和文化。在这条路上，如他所言，他是一个探路者，不断探索适合传播和推广藏文化的路子。

赤烈塔尔沁的想法则更为朴素，他成为文化布道者的初衷是报恩，报答家乡和父母的养育之恩，报答政府和国家的知遇之恩。因为他自己的坎坷经历，他更懂得是什么造就了自己，也在文化传播的道路上立了足。

赤烈曲扎则看到了语言的巨大作用，语言是人类活的化石，是文化交流的手段，是继承并弘扬文化的第一媒介，也是体现藏民族情感的重要标志。桑达多吉则是礼仪专家，民族风俗文化的形成原因是多方面的，受到经济、政治、社会、宗教、心理、地域、语言等多方面因素的影响，对西藏传统风

俗文化的研究，可透视整个民族的社会发展。

　　藏民族创造出的神奇浓郁又有宗教色彩的灿烂文化，让人惊奇，也吸引着关注，而西藏文化的传播，也需要更多懂西藏、了解西藏的西藏人。

四、背景知识：藏文化载体得到有效保护

　　《中华人民共和国宪法》和《中华人民共和国民族区域自治法》均明确规定，各民族都有使用和发展自己的语言文字的自由。西藏学校教育全面实行藏汉双语教育，藏语文在学习中传承。目前，农牧区和部分城镇小学实行藏汉语文同步教学，主要课程用藏语授课。中学阶段开设藏语文课（包括内地西藏中学），其他课程用汉语文授课。在高校和中等专业学校的招生考试中，藏语文作为考试科目，成绩计入总分。学前、中小学现有双语教师30642人，中小学校有藏语专任教师约5800人。西藏自治区已编译完成从小学到高中共13门学科的821种课本、410种教学参考书、56种教学大纲或课程标准和73种教学辅助用书。

　　藏语文在使用中得到弘扬。自治区大型会议和行文坚持使用藏汉两种文字，司法机关在执法、法治宣传等工作中着重使用藏语文，农牧、科技等涉农部门也加强藏语文的使用。2014年，西藏人民出版社、西藏藏文古籍出版社出版各类图书547种、1302.5万册，其中藏文图书种数占比超过80%；共有14种藏文期刊、11种藏文报纸出版发行。目前，西藏人民广播电台共开办有42个藏语（包括康巴话）节目（栏目），藏语新闻综合频率每天播音达21小时15分钟，康巴话广播频率每天播音18小时，西藏电视台藏语卫视实现了24小时滚动播出。此外，藏语文在邮政、通讯、交通、金融等领域中也得到了广泛使用，有力地推动了全区经济社会的快速发展。

第五章
多彩西藏艺术的传播者

导演、摄影师、歌者……他们用自己擅长的方式来讲述真实的西藏,在自己的领域里阐释着崭新的西藏。

一、讲述：仰视西藏的高度

知名画家韩书力（图片来源：《讲述西藏》纪录片）

韩书力说："一方水土养一方人，也养一方文化。不是说西藏离不开我，是我离不开这片土地。我感谢40年来博大精深的藏文化对我的滋养，那真是一片净土。"

这是一个北京画家和西藏的故事。韩书力，西藏文联主席，美术家协会主席，西藏画派的领军人物。1973年，年轻的北京画家韩书力被临时借调到西藏展览馆，这一去就是40年。

20世纪70年代的韩书力（图片来源：《讲述西藏》纪录片）

韩书力说他认知西藏有过三种视角。刚刚入藏的时候，他是带着一种优越感去俯视这片土地和这个民族的，"因为年轻不懂事，又好胜，因为带着这种莫名其妙优越感，任何一个民族任何一位同志，保持很礼貌的距离，不会愿意跟我交心，虽然我画了很多图像，无非是很表面的，没有可能走进一个民族的心灵"。

韩书力不断调整自己看待这片土地的视野（图片来源：《讲述西藏》纪录片）

带着内心优越感的韩书力，就这样开始了他的西藏之旅。"幸好这段时间比较短，经历了一些磕碰，我很快就矫正了自己的这种视野，由俯视变成平视，"西藏特殊的文化让韩书力选择留在了西藏，他努力地使自己融入这片土地。

韩书力在创作（图片来源：《讲述西藏》纪录片）

"这个时候,我的视角自然而然地就调整了,这段时间比较长,我觉得好像有将近30年,这样有巨大的好处,我障碍不多地就走进西藏的文化、历史,包括当代史。"

西藏文化的浸染加上艺术探索的冲动,韩书力开始构建出自己的绘画语言。

"你调整了这种心态、这种视野,反而你能感受到想象不到的——用宗教语言叫加持,很多东西,我个人感觉好像创作的灵感、激情,那种冲动、亢奋,好像一年四季都那么充实、饱满。"融合西藏文化的韩式绘画,有着鲜明的个性,融合了唐卡和工笔绘画的布面重彩,用藏纸宣纸泼墨写意的黑地水墨画,风格独具的连环画,他还就地取材,裁剪古代的织锦刺绣粘贴到画布上,重新构思作画,拓印玛尼石刻,再加以独具匠心的点染。

韩书力的布面重彩作品《小鸟》局部(图片来源:《讲述西藏》纪录片)

"没有这样的过程就不会有这样的结果,因为在西藏走了这么多年,踏遍高山、大川、荒原、牧场、林区一直到边寨,到喜马拉雅南坡,不断地去对这片高天厚土进行朝拜,不断地对这片高天厚土勤劳勇敢刚毅的藏民族进行理解。"

最近10年,韩书力感觉自己又重新调整了看待这片土地的视野,"仰视了,我把西藏的人文、地貌，包括他的色彩、线条——用行话来讲——给他重叠到冲压到一座座有形的无形的喜马拉雅山的高度，去憧憬他仰望它，在精神层面去提炼地思索它、概括它。"

在西藏的40年里，曾经有两次机会韩书力可以离开西藏，但他最终都选择了回到那片高原。

韩书力说他几乎用了一生的时间来读解这个民族（图片来源：《讲述西藏》纪录片）

"1989年我在巴黎和台北同时办展览，但是我在巴黎的时间长，然后就越待越惶恐；1982年我在美院研究生毕业，我在学校留校工作了，但我发现也是这样，在巴黎那种感觉跟在美院的感觉完全一样。实际上都是好地方，巴黎怎么不能作画了，中央美院怎么不能画画了？但是我个人觉得我好像更依赖这个地方，这可以骗别人，但我不能骗自己，我要是再继续待下去，就真成了受洋罪了。在那里我也强迫自己画了一些东西，我也从西藏带出去一些构思去，但是就是没有在这里从容，没有在这里踏实。好像一根苗被拔了根又换了土，它不是不能活，就是活得不自在，活得很别扭。"

韩书力作品（图片来源：《讲述西藏》纪录片）

回首 40 年，韩书力说他几乎用了一生的时间来读解这个民族，融入这个民族，并为这个民族而感动，"我感觉藏族同胞看到生命也好生灵也好，第一他很豁达，第二呢，我喜欢用很慈悲很善良来形容这个民族，他确实是真的。我记得我刚来的时候，看到河，就首先想到里面有没有鱼，能不能吃，看到鸭子，就看看有没有枪能够打一只，当然这是与那时候的物质条件有关，但是藏族群众在最苦的时候，他不会想到要伤害另一个动物、另一个生命来饱腹。因为他觉得青稞就够了，一年杀一两头牛，全家蛋白质问题解决了，牛毛、羊毛、织氆氇，服装问题解决了，有牛粪，烧的问题解决了，我个人觉得在这方面，如果说一种环保意识、绿色意识，这个民族自始至终就是与生俱来的"。

韩书力在创作（图片来源：《讲述西藏》纪录片）

现在，开始步入晚年的韩书力，并没有老之将至的局促感，他依然会选择留在西藏，用人生最后的年华，描摹这片土地印刻在他内心的图画。"我已经是老之将至了，我现在只是想计划经济地用我的生命用我的时间，我想尽可能的从容一些，黄宾虹曾经说过，什么是画，看过的忘不掉的就是画、画面。40年来，我经历过的感悟过的，看到的忘不掉的，美的东西，现在还有精神头去画的，我觉得是有道理的，在剩下的这不知长不知短、可长可短的年头里，就想从容地把我忘不掉的画面，慢慢地吐出来，描摹出来。"

二、故事：多彩西藏艺术的传播者

1. 德西美朵：歌唱雪域的"西藏夜莺"

"西藏的夜莺"德西美朵在拉萨举行个人专场音乐会（图片来源：中国西藏网）

  2013年11月13日晚，如夜莺般动听的歌声响彻高原上空，享有"西藏的夜莺"美称的藏族著名女高音歌唱家德西美朵独唱音乐会在拉萨举行。

  "西藏的夜莺"是人们对德西美朵的美称。她是西藏人民家喻户晓的歌唱家，她的歌声如涓涓细流，清澈动人；她的嗓音如清风明月，沁人心脾。很多为人熟知的歌曲《香巴拉并不遥远》、《安塔那依》、《这里是祖国的高原》、《天上的西藏》等等都是她的代表作。继老一辈少数民族著名表演艺术家才旦卓玛之后，德西美朵以她美妙动人的歌喉、中西合璧的歌唱技巧以及淳朴高尚的演绎品德，跻身于西藏乃至全国最优秀的民族歌唱艺术家之列。

  德西美朵出生于四川巴塘，从小就在艺术氛围的熏陶下成长，母亲是原进藏十八军文工团的骨干，小德西美朵常常被她那甜润的歌声所感动。1972年，14岁的德西美朵怀揣着歌唱梦想，考入四川音乐学院，迈出了她艺术人生的第一步。专业的学习和训练让美朵的演唱技巧更加娴熟。毕业后，她被顺利地分配到四川峨眉电影制片厂乐团担任独唱演员。

  然而，几年的实践工作也让德西美朵发现了自己的不足。出于对歌唱艺术的执着追求，她决定到更高的学府继续深造。1982年，德西美朵考入上海音乐学院，师从女高音歌唱家鞠秀萍教授。在教授的指导下，德西美朵逐渐形成自己的演唱风格，将西藏民族风格与西方美声唱法融为一体。

  1989年，德西美朵放弃了繁华都市回到西藏，回到了母亲长年追梦和生活的雪域高原。艺术来源于民间，来源于生活。重回雪域圣地的德西美朵发现，在藏民族丰富的民歌精粹面前，自己还需要更多学习，"要成为一名优秀的民族演员，就要将自己完全融入这片民族文化的海洋里"。

  德西美朵选择回到群众中去，回到这种歌唱艺术的源头。每次外出演出，美朵都主动地向当地的民间艺人请教，收集民间的表演艺术形式和技巧。孜孜不断地钻研学习，让德西美朵形成了属于自己的演出特色，不骄不媚、以情发声，无论什么歌曲，经过德西美朵演唱，都别有一番风情。1989年，在全国著名歌唱演员声乐比赛中，德西美朵运用了自己的演唱技巧，充分展现了自己的音乐才华，荣获"中国民族唱法十大女高音歌唱家"的光荣称号。

德西美朵与歌手尼玛次仁同台演出（图片来源：中国西藏网）

夜莺般的优美歌声不仅在国内激荡，还飘向了异国他乡，她曾把中国的民族艺术带到了世界上20多个国家和地区，在外国听众中引起了强烈的反响和好评。

诸多的荣誉并没有让德西美朵骄傲自满。从艺30多年来，她经常带队深入最艰苦的第一线为群众下乡演出，几乎年年参加"三下乡"活动和各类慰问活动。她说，西藏的群众需要这样的演出。身处城市的人们见惯了各种各样的时尚文化产品，但对于广袤高原上的西藏百姓来说，这些却是难得的"精神食粮"。有一次去昌都察雅县演出，她一眼就望见当地群众挂起的标语：热烈欢迎我们最最亲爱的、最最敬重的歌唱家德西美朵来为我们演出！她当时一下就激动起来，那天在舞台上不知疲倦地唱了十首歌。

如今，德西美朵是西藏自治区歌舞团的副团长，负责歌舞团市场、乐队、歌队工作。虽然工作繁重,但她依旧一如既往地活跃在基层一线,为广大人民群众演出。她说过,艺术是她的生命,人民是她艺术的主人,她会继续为人民演唱。

2. 藏族摄影家觉果:透过镜头记录西藏

摄影家觉果(图片来源:《讲述西藏》纪录片)

当一位摄影师长达几十年持续地关注一片土地,时间的重量累积在他的作品中,作品便具有了历史跨度所赋予它的魅力。

这是觉果眼中的西藏。觉果,1962年出生在西藏纳木错,作为牧民的孩子,他11岁之前一直在藏北草原上放牧。1978年,时代的机遇让觉果拥有了到内地上学的机会,他考入中央民族大学附属中学,中学毕业后,他考入新华社下属的中国新闻学院,3年后回到西藏,成为了新华社西藏分社的一位摄影记者。20多年来,觉果用他手中的相机记录下了一个急剧变化中的西藏。

觉果说:"我当记者以后,正好是80年代,西藏开始在大规模地建设。"几十年里,西藏的城市改造和建设是变化最大的。今天的布达拉宫广场是最著名的旅游胜地,也是市民休闲和欢聚的主要场所,当年,觉果随手拍下的照片呈现的却是完全不同的景象。他说:"当时那个地方还有一些单位,还有一些小的商品房,是一个很乱很乱的地方。"布达拉宫广场的变化犹如西

暮色中的纳木错（图片来源：《讲述西藏》纪录片）

藏整个城市改造的一个缩影。觉果上班的地方就在布达拉宫附近，他总会时不时地去那里转转，随手拍下一些照片。

建设中的布达拉广场（图片来源：《讲述西藏》纪录片）

觉果也是西藏教育环境巨大变化的见证者。从小学到大学，曾经落后封闭的高原拥有了完备的教育体系。在他的镜头中，有活泼可爱的乡村小学生，也有青春洋溢的拉萨大学生。

觉果在帮西藏大学的毕业生拍摄（图片来源：《讲述西藏》纪录片）

交通的变化也很大，觉果将这些变化都呈现在自己的镜头中，特别是青藏铁路的建设，他持续关注了十几年。他说："青藏铁路从 2001 年开工，到目前为止，我还一直在关注一直在拍摄，在整个青藏线上走了一百多趟，拍摄了上万张照片。"其中有 2006 年通车的照片，"当时牧民从来见过铁路，觉得很奇怪，就过来跟工程人员问，这个到底是怎么回事，怎么走，火车什么时候来？"也有通车前，拉萨河上的第一座铁路桥，那是为了保护草地专门建设的。还有在当雄，青藏铁路换轨道的图片，换轨以后行车更加平稳，速度也更快。

觉果作品（图片来源：《讲述西藏》纪录片）

觉果作品（图片来源：《讲述西藏》纪录片）

回忆起自己第一次去北京上学，这种交通的变化让他感慨良多，"当时是骑马走了三天，到了县城，然后坐了个大解放的卡车到那曲，然后再在那曲坐客车，坐了一个星期到甘肃的柳园，然后再从柳园坐火车，坐了好多天才到北京"。而在今天，立体的交通网络已经让出行变得极为快捷和方便。

西藏的文化保护和传承也是觉果长期关注的一个重点，从非物质文化遗产到重点文物古迹的维修，从西藏重大节日的民俗活动到藏传佛教的佛事活动，觉果留下来难以计数的影像资料。

觉果作品（图片来源：《讲述西藏》纪录片）

觉果作品（图片来源：《讲述西藏》纪录片）

最近几年，觉果又开始关注西藏的生态保护领域，他不断地进入藏北无人区，拍摄冰川的变化以及野生动物的生存状况。他说："西藏是亚洲的水塔，长江、黄河、雅鲁藏布江等大江大河全是在这个地方发源的，冰川雪山特别多，我经常带着睡袋带着帐篷记录冰川的变化。这几年由于保护力度的加大，野牦牛、藏野驴等各种野生动物数量在增加，现在基本上没有盗猎的情况再发生。"

在牦牛博物馆的藏品捐赠仪式上，觉果捐赠了一幅自己的作品，那是一张在无人区拍摄的野牦牛作品，传达着觉果关于生态保护的期望。

西藏冰川（图片来源：《讲述西藏》纪录片）

觉果捐赠自己的作品（图片来源：《讲述西藏》纪录片）

目前，年过五十的觉果依然活跃在新闻摄影的第一线，举起相机拍下一幅照片是他的工作，作为一个藏族牧民的孩子，记录下这个时代的变化是他回赠给这片土地最好的礼物。

觉果的作品（图片来源：《讲述西藏》纪录片）

3. 觉嘎：当雄草原走出的作曲博士

作曲家觉嘎（图片来源：中国西藏网）

觉嘎在很多人看来就是一个传奇，从当雄大草原上的一个小牧童，成为了我国第一位获得音乐硕士学位、音乐博士学位的藏族作曲家。

而二十八年前，他还不过是粮店里的一名临时工，看起来就像你在那个年代遇到过的任何一个普通藏族小伙子。但那时他的心里却始终酝酿着一个巨大的梦想——成为一名真正的音乐家。

怀揣梦想的小牧童

西藏风光（图片来源：《讲述西藏》纪录片）

1963年出生的觉嘎，童年的记忆里填满了青青的草原，奔跑的牛羊，嘹亮的牧歌，豪放的果谐，捡牛粪，采蘑菇，围着炉灶读书念字……

他是个懂事的孩子，还五六岁的时候，就开始在草原上放牧。八岁的时候，附近的三个生产队成立了一个小学，他成为了一名小学生，在学校里学藏文读写、简单的加减乘除、唱歌跳舞。家里忙的时候，他就回去帮着放放牧，学也上得断断续续，此时的他还不知道，这个上学的机会给他以后的人生带来什么样的不同。

十三岁那年，当雄县宁中区（现在的宁中乡）要组建一支当地的业余文艺宣传队，读过书的觉嘎和另外五名伙伴一起被选中去西藏师范学院学习音乐。那时，他开始学习笛子演奏。两年后，他们回到当地，自己培训了一批新的成员……三年后，宣传队解散。他们六个人，有两人回去做了牧民，两人去了信用社，一人做了小学老师，觉嘎成了粮店的一名临时工。但他不甘心就这样与自己喜爱的音乐世界渐行渐远，于是，所有的空闲时间都被他用来刻苦练习。1982年，他顺利地考上了西藏艺术学校。从此，觉嘎踏上了以音乐为职业的人生道路，一步步走近自己的音乐梦想。

求学路上的奋斗者

考进西藏艺术学院的第二年，因为师资的缘故，学校安排他到四川音乐学院借读。觉嘎这时一边学习笛子，一边开始有意识地学习作曲。一节课两块钱，在80年代初期，那是一笔不小的费用，他说，"我们那边缺少教乐理、作曲的老师，我得学"。但就是这两年的借读时间，为他今后学习作曲与作曲技术理论打下了良好的基础。

1985年，觉嘎回到了西藏艺术学校并提前一年毕业，开始了他的教师生涯。在这期间，他又有了几次到四川音乐学院进修和学习的机会。每一次学习结束后，他都会回到学校，继续做好自己的本职工作，将自己所学的知识用在教学实践中。

1993年，觉嘎考入四川音乐学院作曲系，师从李忠勇教授攻读"作曲与作曲技术理论"硕士学位。2002年他又考入上海音乐学院作曲指挥系，师从贾达群教授，继续攻读"作曲与作曲技术理论"博士学位。博士毕业后，又以优秀的成绩进入了中央音乐学院博士后科研流动站。

觉嘎是求学路上的一个奋进者，他对音乐的热爱和执着，让人为之感动。他说，希望自己的求学经历能给年轻人一个启示，能激励他们，引导他们更理性地坚持自己的梦想，走一条属于自己的路。

追求极致的作曲家

觉嘎看起来既儒雅谦和，又不失真性情，谈起自己的音乐作品来，时而眉飞色舞，时而又不免叹息。

2003年新加坡华乐团举办了一个西藏题材的音乐会，他创作的大型民族管弦乐《阿吉拉姆》是此次音乐会的委约作品，当年的9月份在新加坡首演。按照当初的设想，他会带一名打击乐手（同时敲鼓和钹），两名藏戏唱腔演员过去，但因为"非典"的原因，未能成行。这部作品在演出后，由于其特异的魅力，受到了来自各方的好评。但听到主办方寄回的CD，他觉得还是有不少遗憾。"没有办法使用藤条做成的弯形鼓槌，敲起来的弹性不足，灵活度不够，中间的唱腔部分也只能用乐器来代替了。这样就显得味道不足了。"这个遗憾在2005年"上海音乐学院作曲博士音乐会"的演出中得到了弥补，一切都按他当初设想的进行，既保留了传统藏戏的原汁原味，又添加了新的元素，这种新颖的形式与演绎，引起了很多人的关注与喜爱，对传承藏戏艺术起到了一个很好的宣传效应。

但这并不是他最满意的一部作品，早期的《谛辩》和后来创作的《集廓》、《轮回》等作品，从意向到创作手法上都有了新意，将传统音乐与现代表现手法结合在一起，这都是一种尝试，这种尝试觉嘎到现在仍然觉得很有意义。虽然现在有一些作品没有合适的演奏机会，但他愿意从智慧、文化的层面继续进行探索，做听凭内心感受的音乐，任情感和灵性在音乐中激荡流转。诚如贾达群老师所言，"这个藏族青年作曲家有着极其聪慧的心智和敏锐的内心听觉"，他有属于自己的坚持，也有天然禀赋，这将是他走向成功的一种必然保证。

民族文化的传承者

1995年觉嘎硕士毕业于四川音乐学院作曲系"作曲与作曲技术理论"专业，当时，学校希望他能留校任教。在拿到派遣证的一瞬间，他忽然有了一种茫然感，学习了这么多年的音乐，但对自己民族的音乐却知之甚少。对一个始终知道自己要什么的人来讲，这是一个难以回避的问题。因此，他毅然放弃留校工作的机会，回到了拉萨。一边为培养作曲方面的藏族音乐人才，一边开始研究自己本民族的音乐。他的举动，也曾受到过一些质疑，但更多人对这个敢于担当，有责任心的年轻人心有赞许。短短几年时间内，他就培养了不少学生，他希望能有更多的人走出来。至今，提起教过的学生，以及和学生们在一起的时光，他都满眼的笑意。

从读博士开始，觉嘎就更加有意识地去做与藏族传统音乐有关的研究。他在论文《西藏传统音乐的结构形态研究》，在2007年被评为全国优秀博士学位论文，涉及了历史学、宗教学、民俗学、艺术学、藏学等诸多领域。这样一项研究，作为藏族人，他有一定的优势，同时遇到的难题也很多，这又是一个没人去深入研究过的领域，因此有必要去将这个研究进行下去。为了完成这一研究，他查阅了大量文献，也数次往返于拉萨与上海之间，走访了大批学者、艺人,最终完成了历史上第一部全面研究西藏传统音乐结构形态的学术论文。

他说,"我的愿望很简单,就是做遵循自己内心的音乐、做经得起推敲的研究、做忠于职守的好老师。"

没有玄妙的理论,没有无端的推脱,作为一个有着清醒意识和独立思考的音乐家,觉嘎必然会创作出更多有民族特色又具备国际水准的作品。

4. 丹增贡布:歌舞我人生

藏族有着悠久的历史和文化,歌舞之风极为盛行,素有"歌舞的海洋"之称。可想而知,在这样一个艺术人才济济、民间歌舞浩若星辰的地方,作为西藏歌舞团团长,丹增贡布承载着人们怎样的一种期待。

丹增贡布,1947年出生于西藏昌都一户普通人家,读小学的时候被西藏青妇联宣传队选中,从此开始了他的歌舞人生。

丹增贡布 (图片来源:中国西藏网)

17岁:因为一个作品,见到了周总理

1964年，丹增贡布17岁。这一年，他创作了人生中的第一个舞蹈《牧业丰收》，并因为这个舞蹈而获得了当时许多同龄人不敢想象的荣誉：第一次到了首都北京，第一次到了人民大会堂，第一次见到了外宾，第一次见到了周恩来总理。

丹增贡布回忆，当时周总理陪同印度尼西亚总统苏加诺观看了整场演出，上半场是大型音乐舞蹈史诗《东方红》，《牧业丰收》属于下半场少数民族歌舞精选节目。

从此，丹增创作的《牧业丰收》一炮走红，成为了各艺术院校舞蹈专业藏族舞蹈的典型教材，几十年间不断"漂洋过海"，被北京和西藏的艺术团体带到国外去演出。其间，甚至被拍成了电影，在全国发行。

17岁的丹增应了现代社会的一句话——"出名要趁早"，但是丹增有着他们那个时代的谦虚和内敛。他说当时没有什么出名、火了的说法，就是一个小孩，胆子大，有着一股初生牛犊不怕虎的劲儿。

丹增还特意提起了一位叫梅庆东的老师，他说："这是一位汉族的编导，从十八军退下来，当时是他一直帮助我、培养我，才有了我的《牧业丰收》。"

38岁："但凡西藏有大型歌舞表演，基本由我策划"

丹增并没有因为少年得志而止步不前。少年成名之后，他到上海戏剧学院进修了四年，学习了表演编导、编剧和戏曲写作等方面的专业知识；后来又到中央民族歌舞团、中央民族学院潜心学习了两年。

学成归来，丹增底气更足了。回到西藏，他开始挑起了大梁——"但凡西藏有大型活动、大型歌舞表演，基本上都由我来策划"。

从20世纪80年代开始，38岁的丹增开始担任拉萨市民族艺术团团长、西藏自治区文化厅艺术处副处长，直至2000年调任西藏歌舞团主持工作。

也是从20世纪80年代开始，西藏几乎每年都会有一次大型歌舞表演，小型歌舞表演更是数不胜数。在他参与策划的众多大型歌舞表演中，丹增提到了两个关键词：一个是"服饰表演"；另一个是"原生态歌舞"。

1990年，丹增还是拉萨市民族艺术团团长的时候，为了庆祝西藏和平解放四十周年，他们首次创作了西藏大型服饰歌舞《雪域艺海随想》，开创了西藏服饰表演的先河。从此以后，各种服饰舞蹈表演争相亮相。

1994年，丹增为布达拉宫维修竣工典礼创作了原生态歌舞晚会《历史的丰碑》。这是首次由没有经过专业训练的群众担纲演出的大型歌舞，也是老百姓首次在布达拉宫宫顶上尽情欢乐。丹增说："最近一些年才在内地流行的原生态表演，我们当时就有了，而且表演得相当成功，是一次规格很高的表演。"

还有1999年，为第六届全国民运会创作、演员达到6000多人的《吉祥颂》；

2000年的大型歌舞晚会《珠穆朗玛》、获得全国金奖的舞蹈《珞巴人的刀》；

2001年，为西藏和平解放50周年大庆重点献礼晚会《金色岁月》；

2004年为国庆55周年创作大型演出《向着太阳歌唱》，丹增因此获得了胡锦涛总书记的接见……

2005年创作大型史诗歌舞《向着太阳》；

2006年创作庆祝西藏和平解放55周年晚会《岁月如歌》、为庆祝青藏铁路通车庆典创作晚会《喜迎火车到拉萨》；

2007年创作专题晚会《盛世赞歌》，当时受到了中央领导的肯定和赞扬，现成为西藏自治区歌舞团的保留晚会。

歌舞《天上西藏》（图片来源：中国西藏网）

61岁：创作了最出色的作品——《天上西藏》

2008年，丹增61岁，这一年，他主创了大型风情歌舞《天上西藏》。这部作品被丹增认为是自己所有作品中最为出色的一个。

当时，西藏歌舞团为了配合向巴平措主席出访东欧三国——罗马尼亚、匈牙利、斯洛文尼亚而创作了《天上西藏》，那次演出历时16天，演出5场，观众近万人。

丹增说，《天上西藏》运用了农区果协、弦子、热巴、谐钦、牧区锅庄、甩辫子大鼓舞、藏传佛教乐舞、民间说唱、踢踏舞等独具特色的西藏艺术品种，再现了拉萨雪顿节、那曲赛马节、农区旺果节以及各类庆典中的一些宗教乐舞和藏历新年等五大西藏节日的盛况，成功地向外国友人展现了西藏独特而灿烂的民族文化。

丹增说："那次演出我印象非常深刻,演出获得了许多好评,有领导的嘉奖,有外国朋友的掌声。一些外国朋友看完演出以后非常激动,拉着我们演员的手,直说没想到西藏还保留着这么令人震撼的传统文化,说一定要亲自来西藏看看，一定要跟西藏的老百姓一起跳舞唱歌。"

丹增认为，向内地同胞和外国友人传播西藏文化是自己和西藏歌舞团的重要使命之一。除了出访东欧三国，西藏歌舞团还曾多次赴内地各大城市演出，还出访过加拿大、西班牙、比利时、尼泊尔、丹麦、冰岛、瑞典、芬兰、挪威、英国等地，节目多次在国际、国内的艺术比赛中获奖。

2011年是中国共产党成立90周年和西藏和平解放60周年，丹增贡布又开始投入新一轮的"战斗"，现在他手头上就有三个大型晚会需要策划和排练。

丹增说："三个大型歌舞正在密锣紧鼓地筹备，一个是和平解放六十周年的主题晚会，一个是少儿'童心向党'大型演出，另一个是六十年经典回顾千人演唱会'心中的歌献太阳'……工作，我是一刻不敢停歇。"

丹增说："大家都说现在是西藏发展的最好时期，这不是假话，现在也是西藏歌舞发展的最好时期。"

三、编辑视点：雪域生活浇注艺术之花

古往今来，藏族一直都是个极富艺术创造力的民族，这块土地上的艺术形式无一不充满着地域民族特色，藏族人似乎是天生的舞者、乐师。这片土地似乎充满了神奇的力量，给予艺术家以灵感，让艺术之花怒放多姿。

好的艺术总是来源于生活，所以当德西美朵选择回到群众中去，回到歌唱艺术的源头，终于形成了属于自己的演出特色。次旺多吉，总是希望通过自己的镜头，真实记录西藏人民的思想状态、生存状态及其变化，回归摄影的纪实本性。

对于画家、音乐人，他们的灵感只需融入这块土地就可以找到，韩书力说在朝拜了西藏的高山大川后，他感觉到西藏对他的加持，觉嘎说他做遵循自己内心的音乐，不需要玄妙的理论，他就能创作出民族的世界的作品。丹增贡布注重彰显民族自身特质，因此走向国际舞台。

四、背景知识：西藏优秀传统文化得到保护传承

国家建立了西藏大学、西藏民族大学、藏医学院、中国藏学研究中心、西藏社会科学院、天文历算研究所等一批教育培训基地和门类齐全的研究机构。几十年来，西藏先后组织了大规模、有系统的普查、搜集、整理、研究和出版工作，收集各种音乐（歌曲）、曲艺一万多首，文字资料3000多万字，录制了大量音像资料，拍摄图片近万幅，发表有关藏民族传统文化学术论文1000多篇，整理出版了《中国戏曲志·西藏卷》《中国民族民间舞蹈集成·西藏卷》《中国民族民间器乐曲集成·西藏卷》等10大文艺集成志书和文艺研究专著30多部，抢救、整理、出版藏文古籍261部，诸多濒临灭绝的民族民间文化得到全面抢救和有效保护，重新焕发出光彩。2005年西藏非物质文化遗产普查与保护工作正式启动以来，中央政府和西藏投资近2亿元，对藏戏、

格萨尔、传统歌舞、手工技艺等重要非物质文化遗产进行了全面保护，基本形成了国家、自治区、市、县四级非物质文化遗产名录体系。

目前，西藏各类非物质文化遗产项目1000余项，涵盖了非物质文化遗产包含的10个资源种类。其中，藏戏和《格萨尔》史诗入选联合国教科文组织人类非物质文化遗产代表作名录，国家级非物质文化遗产项目89个，国家级生产性保护示范基地4个，自治区级项目323个，代表性传习场所113处。国家级代表性传承人68名，自治区级传承人350名。国家珍贵古籍158部，全国古籍重点保护单位4个。"中国民间文化艺术之乡"4个，"西藏自治区民间文化艺术之乡"65个。拉萨雪顿节、山南雅砻文化节等一大批群众性文化传统节庆得到恢复和创新，成为地域性民族文化品牌。

第六章
祖传的手艺不能丢

我们生活的这个时代,正经历着人类历史上最神奇的连续几十年的快速增长,一切都在变化之中。在这片经过时代风尚洗礼后的雪域高原上,传统与现代并不对立,还有不少人,依旧迷恋和传承着老辈人留下的手艺。

一、讲述：长在血脉里的文化印记

展厅中，39 岁的罗布占堆席地而坐，他敲打着的铜佛像发出了"叮叮咚咚"的声音。罗布占堆是拉萨市达孜县玉巴家族的传承人，从事锻造铜佛像工艺已有 20 多年的光景。

西藏传统手工艺是藏民族千百年来在长期的生产生活中产生的，制作铜佛像的技艺在西藏至少已传承了数百年。"制作铜佛像，需要学习绘画、设计、雕刻、敲打，铜片要敲出立体感，需要用到 130 多种工具。"罗布占堆敲打着手中的佛像说，"差一点儿都不行，没有十几年很难学成。学成了，就是生存的一项技能。"

如今，像罗布占堆这样坚守古老文化的年轻手艺人，在西藏还有很多，这种生活还将继续陪伴他们走过剩下的人生岁月。他们说得最多的一句话就是，"不希望手艺在我们这代消失"。也许，对这些手艺人而言，留住手艺，就是对祖先血脉的延伸。

二、故事：流淌在手艺人心底的时光

1. 锻铜佛像手艺人罗布占堆：祖传的手艺，不能丢

"铜佛像锻造是手艺活，需要学习绘画、设计、雕刻、敲打……光是雕凿用的工具錾子就有 100 多种，没有十几年的耐心很难学成。"罗布占堆敲打着手中的铜佛像说，"我不希望手艺在我们这代消失，这是祖传的手艺，不能丢。"

罗布占堆是玉巴家族第五代传承人，1975 年出生于拉萨市达孜县白纳村。从 13 岁开始，他跟随家中长辈学习制作铜佛像，22 岁正式学成出师，25 岁就远近闻名。"铜佛像锻造是手艺活，光是雕凿用的工具錾子就有 100 多种，没有十几年的耐心学习是很难学成的。"

制作铜佛像的技艺在西藏至少传承了数百年，对于制作铜佛像的手工艺

人而言，这就是他们生存的一项技能。"需要学习绘画、设计、雕刻、敲打……差一点儿都不行。"罗布占堆说，"不仅仅是把佛像做得好看而已，还需要制作工匠对铜合金性能和锻铸工艺的熟练掌握，以及对佛像本身有着深刻的了解。"

一块块普通的铜片，在罗布占堆的手里经过一番敲打，再经过焊接、雕刻等工序，便成为一件精美的佛像。"锻造铜佛像，先要用泥塑做好样品，再用铜做好模型，经过敲打、焊接、雕刻等工序，最后抛光、镀金，才能做成成品。"

罗布占堆 （图片来源：中国西藏网）

2008年，罗布占堆在四川阿坝藏哇寺制作了24米高的弥勒佛，2009年在藏哇寺又做了9米高的觉囊46代法王云旦桑布像。他还曾经为西藏那曲拉日寺制作觉吾佛，2013年又为四川省红原县美哇寺锻造包括莲花生大师等在内一共14尊佛像。

罗布占堆说，精致的小型佛像，一年只能出五六件，而有些大的佛像，则需要几个月，甚至几年的时光才能打好，"慢工才能出细活"。

即使工艺烦琐、制作过程漫长，制作铜佛像的技艺还是吸引了大量的学徒。2008年，罗布占堆在达孜县工业园区购置了一块地，创办了西藏罗占民族手工艺发展有限公司，从当地特困家庭子女中招收学生，为他们免费传授锻铜佛像技艺，"孩子们毕业了就能直接去公司就业。这样做是希望民族文化能有继承人"。

2010年，罗布占堆家族的锻铜技艺被评为西藏自治区级非物质文化遗产。2012年，他获得了"中国工艺美术大师"的称号。在他看来，称号是次要的，"最重要的还是传统文化的传承和发扬"。

罗布占堆锻造作品（图片来源：中国西藏网）

罗布占堆制作的佛像，不仅销往那曲、阿坝等国内多个地方，甚至还销往印度和尼泊尔等国外地区。"说到底，我们都是手艺人，好的技艺就有好的收入。"他说，"我会让我的孩子继续学习锻铜佛像，这是祖传的手艺，不能丢。"

[相关知识]：

2008年，藏族金属锻造技艺入选第二批国家级非物质文化遗产名录。从对铜佛像制作手工艺人的调研来看，大多数铜匠学习手艺的时间都始于12—15岁的年纪，而一个人手艺的高低，除了靠勤奋之外，还要看各人的天赋。

2. 一级唐卡画师贡觉杰：以绘画传承为己任

幼时的贡觉杰目光总随着画笔轻轻流转，当线条逐渐清晰，不同的颜料被慢慢填在画布上，一幅绘制完成后的唐卡出现在眼前时，小小的他甚至想捂住自己的眼睛，这是一方多么美妙的世界。

西藏自治区一级唐卡画师贡觉杰（图片来源：中国西藏网）

贡觉杰，西藏自治区一级唐卡画师，勉萨派唐卡第五代传承人。在十几年的学习摸索中，他不仅研习了勉萨派绘画技法与尺度理论，而且对藏传佛教经典、汉语语法等学术科目也亦有涉猎。"想要学习唐卡的人最好先学好藏文化知识，了解藏族历史，才能更好地理解唐卡艺术。"

耳濡目染爱上唐卡绘画

1987年，贡觉杰出生在景色秀丽的西藏日喀则拉孜县若措村。贡觉杰的幼年时光与大多数藏族孩子一样，喜欢自由地奔跑在草原上，与伙伴们玩耍嬉闹。不一样的是，身为历史悠久的绘画家族——平康家族的一员，贡觉杰从小就热爱绘画，并因为高超的技艺被同学和老师称为"小画家"。

贡觉杰的爷爷是西藏当时著名的唐卡绘画大师，在爷爷和叔叔罗布斯达的影响下，贡觉杰逐渐迷恋上了藏族唐卡绘画。他的目光随着画笔轻轻流转，当线条逐渐清晰，不同的颜料被慢慢填在画布上，一幅绘制完成后的唐卡出现在眼前时，小小的他甚至想捂住自己的眼睛，这是一方多么美妙的世界。

9岁时，贡觉杰跟随叔叔开始正式学习勉唐派唐卡绘画。但学习唐卡与喜

欢唐卡完全不同,白天需要练习白描、晚上要背诵《造像度量经》,周而复始,了无新意。小孩贪玩的天性,与一丝不苟的要求也相去甚远,虽无懈怠,却也少了许多趣味。他只能按照步骤先学习基础绘画,从佛祖像学起,先学习画头、躯体,然后画衣服。学到度母像的时候,他若有所悟,只有小心翼翼地捕捉那种微妙的感觉。尤其是学到了金刚像时,白天画,晚上想,画像的各处细节逐渐了然于心,"叔叔从来都不强求,他让我自己去感受"。贡觉杰微笑着说,"白描学完后,我又找到最初的乐趣,等到学了上色、点睛,十年后,我算是真正入境了。"

言传身教传承勉萨派绘画

贡觉杰年龄不大,作品却完全具备了勉萨派唐卡绘画法度精严、线条流畅、色调活泼鲜亮的风格。作为勉萨派唐卡罗布斯达家族的第五代传人,他在艺术传承上也显得格外沉稳。

2006年,19岁的贡觉杰成了勉萨派唐卡艺术发展中心的美术技法老师。唐卡绘画各派特点明显,各位画师亦画风不同,"我是严格按照勉萨派绘画技巧来传授的,把叔叔当年教我的,教给学生们"。学生年龄不等,有近30岁的,也有十二三岁的,针对不同学习需求,他有不同的授课方式。

"普通学生还是不能急,要按步骤来,循序渐进,白描、算尺度都要掌握,要熟读经书,画唐卡还要有悟性,能坐得住,能吃得了苦,最重要的是要有一颗虔诚的心。"

白天贡觉杰在学校教徒弟们绘画,晚上自己读书。"学习佛学知识、藏文、汉文、英文……前辈们都画得很好,想要更好,就要趁着自己还年轻,有力气,学习更多的东西。"

恪尽职守弘扬民族文化

贡觉杰不仅秉承了罗布斯达家族的绘画风格,笔法精细,颜料讲究;而且是个有着敏感艺术神经的画师。仔细研究了寺庙里勉萨派创始人曲英嘉措的数幅壁画后,贡觉开始尝试在唐卡绘画中的关键一步"开眼"时,将佛像的眼睛开得更大一些,这一改变,得到了很多人的赞许。

从2005年起,贡觉杰参与绘制了日喀则白朗县嘎东寺大殿、弥勒佛殿,以及查拉鲁普寺的壁画,绘画技艺日渐成熟。2010年,他参加首届西藏唐卡博览会时获得了二级画师的称号。2011年,贡觉杰又以其丰富的想象力创作了佛祖侧面像唐卡,采用侧面坐姿,背景的颜色、小动物、云朵的安排都是自由创作的,"佛像不能创造,传统的画法、标准不能变,但要突出自己的特点"。

这幅唐卡勾线精细、人物逼真、风景秀丽、色泽浓重,具有曲英嘉措的绘画风格,在第二届西藏唐卡博览会上为贡觉杰赢得了一级唐卡画师的称号。

贡觉杰唐卡作品(图片来源:中国西藏网)

贡觉杰认为，藏族德高望重的先辈们开创了新的画派，向前迈进了一大步，为了未来藏族的绘画艺术指点了一条明确的发展道路。"新一辈唐卡艺术家不仅敬仰要先辈们，也要学习他们可贵的精神，才能传承与发展先辈们流传下来的灿烂艺术。"

【相关知识】

唐卡勉萨派产生于17世纪中叶，创始人为四世班禅的贴身画师追古·曲英嘉措（亦称藏巴·曲英嘉措）。该画派造像法度极为精严，尤其注重线条运用和线条工整流畅，色调活泼鲜亮。2009年，勉萨派唐卡经自治区人民政府批准列入第三批西藏自治区级非物质文化遗产名录。

3. 一个不留神，为传承藏语言文化做了贡献

从陕西师范大学英语专业毕业的罗布占堆，是一个他人眼里的"另类年轻人"，放弃了收入稳定的"铁饭碗"，白手起家去构建自己的理想生活。"好像一个不留神，竟然为传承藏语言文化做了贡献。"

罗布占堆与学生们在一起交流（图片来源：中国西藏网）

"我前两天这么跟我爸聊天来着：爸，如果我当初没有辞职，今天会有时间陪你转经吗？能在你需要我的时候，说离开岗位就离开岗位来到你身边吗？"罗布占堆愿意以这样的方式，来讲述自己的"另类"史。

微信账号上火起来的牛人

罗布占堆35岁，皮肤黝黑，戴着一副黑边眼镜，能说一口流利、地道的美式英语。"我真没出国深造过，我就是陕西师范大学英语专业的毕业生。"

罗布占堆起初并没有计划一定要做什么了不起的事。只是习惯性地闭上眼睛想：这件事会不会有其他人来做？嗯，没有，那好吧，我来做。在他开通的"圣地美句"和"圣地藏语"两个公众微信号上，很快就拥有了成千上万的粉丝，"好像忽然就火了，才觉得这件事还真有点意思。既满足了受到关注的虚荣心，还能让更多人学习藏语、了解藏文化。"

现在，这个火起来的老师继续通过微信免费向6万多粉丝教授英语和6000多粉丝教授藏语拉萨音。同时，他也创办了拉萨卓梦教育培训中心。

"拉萨最好的老师，拉萨最好的学生"

让学生形容罗布占堆，他们异口同声地用英语说："他是拉萨最好的老师（he is the best teacher in Lhasa）"。罗布占堆笑着用英语回敬道："你们是拉萨最好的学生（you are the best students in Lhasa）"。

罗布占堆的卓梦教育藏语培训班有藏族学生、汉族学生，也有外国学生。参加藏族文化民俗班的学生大多和罗布占堆有着同样的经历——因为成绩优异，从初中开始就考到内地西藏中学、西藏班或者当插班生学习，很多到了高中就不再学习藏语。罗布占堆希望可以通过暑期培训班帮助这些孩子们对本民族的文化习俗了解得更多，可以成为藏文化的"使者"，在内地求学时把自己民族的文化告诉更多的人，也消除一些人对西藏的误解。

2014年刚被北京语言大学录取的诺布是罗布占堆的一个学生，他说碰到过一些不了解西藏的同学和老师，有的会问他西藏有没有汽车、西藏人吃不吃得到米饭。"我觉得很无语啊，也太无知了吧，就算没到过西藏，网上关于西藏的介绍也有很多啊，他们难道看不见吗？"

罗布占堆笑着对诺布说："你这样生气、愤怒的状态其实不是在沟通，甚至会引起敌意，老师希望你们可以换位思考，学会理解和包容。别人问你的时候,你可以当面跟他说,可能一两句介绍,'我们有汽车,我们也吃米饭,西藏的现代化发展也不错'等等,或者一两句玩笑'对,我们不吃米饭吃石头哈哈',就能打开尴尬,消除这些误解,告诉他们我们这里的生活是怎样的,也许交流得非常愉快甚至交个朋友,这不是一件很好的事吗?"

由于教学需要,罗布占堆招聘了一位藏语老师和三位英语老师。他希望自己的团队里有汉族或其他民族甚至外国人,"一个多民族语言的团队就会形成一个多元的文化氛围,而多元的文化氛围比单一的更加有利于学生们的学习成长"。

为了理想,付出代价是值得的

创办"圣地藏语"时,罗布占堆遭到了各种质疑,说他自己水平并不怎样就要开始传播藏语,说他没有到过国外却要教别人英语……"可是你们说得比我好的,知识比我丰富的,能力比我强的,为什么不来做这件事呢?所以我现在已经有些麻木了,觉得没必要十分在意这样的声音。"

罗布占堆并没规划过一定要把藏语和藏文化发扬光大,"当初干这件事时,真没想过高大上的理由或目的,纯粹是就做自己想做的事。"2005年从拉萨三中辞职后,他参加过NGO组织,为澳大利亚艾滋病防御宣传组织、比利时关爱残障人士组织机构做过翻译,后来又到北京应聘到冯小刚开办的戏剧学校做过各种岗位工作,闲暇之余又到中央民大为藏族学生们免费教英语口语。

"但是我发现任何一个单位、公司、组织机构里,都无法给予我想要的自由空间去按照我希望的方式做事情。所以我想还是只有自己创业,拥有自己的公司,才会有我想要的自由度。"罗布占堆也承认,真正的随心所欲是不存在的,只不过现在的自由度从某种意义上稍微大了一点,比如可以自己为学生量身定做设计课程。

"我一直坚持做自己喜欢的事,有收获就要付出代价,这是公平的。而且,我想我是幸运的,我的父母很支持我。"晚上睡觉时,罗布占堆的阿妈会温好一杯牛奶叫他喝完再睡,阿爸在他生病的时候会半夜里爬起摸一摸他的额头看烧退没退。"所以,我觉得很开心,也很满足。我充满了感激。"

4. 农村话剧演员格桑达瓦：在百姓的舞台讲述历史

西藏山南地区曲松县有一台持续演出了 50 余年的话剧《忆苦思甜感党恩》，该剧的演员之一，24 岁的下络村小伙子格桑达瓦说，"以前祖祖辈辈的农奴过的生活都是悲惨的，现在的生活这样好，以后也应该用话剧来表现新西藏农村的发展成就。"

农村话剧演员格桑达瓦（图片来源：中国西藏网）

2011 年，西藏民主改革 50 周年之际，一部由西藏山南地区克松村村民自编自演的话剧《农奴泪》从克松村走向了西藏全区，并最终登上了中央电视台这个大舞台。然而，很少有人知道，在距离克松村不远的山南地区曲松县，也有一台同样题材的话剧《忆苦思甜感党恩》，已经在这片曾经属于拉家里王的土地上持续演出了 50 余年。曲松县下络村的格桑达瓦就是该剧中的演员之一。

从 2010 年起，格桑达瓦的演出生涯已经有三年之久。"每年年底村里都要集体讨论并确定第二年出演话剧的演员，在接下来的一年中，这些被选中的演员就要利用冬闲时节排练、演出。"能够连续三年被选中出演话剧，对格桑达瓦来说，这本身就是一个很大的荣誉。

格桑达瓦记得，小时候是阿妈带着自己年复一年地去看村子里面的话剧。他也曾疑惑过：舞台上农奴们水深火热的生活是否是被刻意塑造的，旧西藏的当权者真的这样残酷吗？普通百姓生活真的这样凄惨吗？有一次看完演出回到家中，他忍不住向阿妈说出了自己的疑问。没想到阿妈难过地告诉他，旧西藏农奴的生活比舞台上演得要更加悲惨。而今，格桑达瓦从普通的观众变成话剧参演人员之一，饰演一个受尽农奴主欺压的农奴。当皮鞭抽在身上的时候，格桑达瓦对阿妈的话领悟得更加深刻了。

话剧中，残暴的管家将农奴鞭打致死（图片来源：中国西藏网）

格桑达瓦和阿妈两人相依为命，阿妈腿上有残疾，不能干重活，但却很支持他去参加话剧演出。他第一次去参加演出的时候，阿妈告诉他，"你想去就去吧，只要家里有农活的时候能回来就行"。格桑达瓦开心地说，这出话剧阿妈看了几十年，现在自己的儿子能够出演，阿妈非常高兴。

在下络村，谈起克松村的话剧，很多村民都表示，曲松的《农奴泪》是跟他们的话剧学的，是"儿子"，只不过现在"儿子"名气大了，但是五十余年常演不衰还是证明他们的话剧是最有生命力的。面对"同样的剧情，几代人演了这么久，年复一年地看着，不觉得无趣吗？村里的年轻人能够接受这样陈旧的剧情和表演形式吗？"格桑达瓦则说，跟他同龄的年轻人还是能够接受这样的演出的，现在信息很发达，人们可以通过多种渠道了解旧西藏的黑暗，多种信息相互印证，现在的人们反而不会有他小时候的疑虑。

在演出现场，曲松县中学的学生在观看话剧时，随着剧情的变化时悲时喜。看到管家将农奴折磨致死的时候，一些学生流下了悲愤的眼泪，当解放军将农奴主抓住，焚烧农奴们的卖身契给翻身农奴分田地的时候，孩子们爆发出酣畅的呼喊声和欢快的鼓掌声。这些，都印证了格桑达瓦的说法。

作为一名二十出头的年轻人，格桑达瓦有着自己的想法，希望话剧的表演内容能够更加丰富：国家这些年惠农措施这么多，希望以后能够编排演出反映西藏新农村建设的剧目。"以前祖祖辈辈的农奴过的生活都是悲惨的，现在的生活这样好，要用话剧这种艺术形式来表现新西藏农村的发展成就。"

【相关知识】

据史料记载，曾经统治曲松地区的拉加里政权是12世纪吐蕃崩溃之后，由吐蕃王室后裔建立的西藏地方割据政权。到1959年西藏实行民主改革前，拉加里政权仍拥有拉加里（曲松）、桑日、加查、隆子四宗领地，方圆达三四百里，下辖19个庄园、9个牧场，有近万属民。当时的农奴社会地位低下，过着极其悲惨的生活。而今的曲松县，各项社会指标已经排到山南地区前列，全县各族群众正在享受着新西藏带给他们的幸福生活。

三、编辑视点：留住传统技艺 培养传承人

拉萨觉木隆藏戏传承人次旦多吉，已有79岁高龄，虽然离开舞台多年，但他每天都要仔细擦拭伴随自己多年的藏戏面具，"这些都是我的'命根子'，只要身子骨还能跳得动，我就不会停止传授藏戏的脚步。"

任何技艺和技能，人都是第一位的因素。但随着社会经济的发展，西藏传统手工业的发展也不可避免地遇到了冲击，加上艺人年龄老化，新的学艺继承者短缺，一些耗时费力的古老技法发出了濒临消失的信号。因此，要留住传统，培养传承人显得尤为重要。

拉萨觉木隆藏戏传承人次旦多吉（图片来源：《讲述西藏》纪录片）

如今，西藏传统手工艺的传承日益走向多元，过去"传男不传女、传内不传外、传僧不传俗"的传统正在被打破，传承人对学徒的标准和要求也比从前更加开明。"小时候学习热巴舞很难，只能远远地将民间艺人的舞蹈动作偷偷记在手上"，编写了热巴舞教材的"热巴舞后"泽吉说："进入学院式教学后，学生一周就可以学会以前一个月要学的动作。"

为了让传统手工艺得到更好的发展，西藏自治区为手工艺人提供了资金和技术援助，使他们得到更大实惠，从而逐步完善这些传统手工艺技术的挖掘和传承。2014年出台的《西藏自治区实施〈中华人民共和国非物质文化遗产法〉办法》规定，西藏年纪较大的传承人如果丧失了传承能力，文化主管部门将会授予他们荣誉传承人称号，并给予适当生活补助，让他们的晚年得到人文关怀。同时，还将加强非遗保护机构和人才队伍建设的内容也列入《办法》中，以进一步加强各级非遗保护和管理工作力量，培养更多非遗研究、传承、传播、保护和管理等人才，推动西藏非遗保护工作向科学化、规范化发展。

四、背景知识：传统文化焕发新光彩

著名曲艺表演艺术家土登 （图片来源：《讲述西藏》纪录片）

西藏自治区非物质文化遗产保护中心负责人阿旺旦增曾表示，传承人是西藏非物质文化遗产的"活字典"，每一个非遗保护项目都需要有一个或多个代表性传承人来继承和发扬。

据2015年《西藏发展道路的历史选择》白皮书，西藏现有国家级非物质文化遗产名录76处，自治区级323项，地市级76项，县级814项。国家级非遗代表性传承人68名，自治区级350名，民间藏戏队117支。格萨尔、藏戏被列入人类非物质文化遗产代表作名录。此外，文化部和西藏自治区先后命名了5个国家级民间艺术之乡、19个自治区级民间艺术之乡、2个特色艺术之乡。

2014年6月1日，《西藏自治区实施〈中华人民共和国非物质文化遗产法〉办法》开始正式施行。随着官方对传统文化保护的重视程度和保护力度的不断加大，一些濒临失传、接近断代的优秀传统文化将焕发出新的光彩。

第七章
梦想在空中飞扬

梦想并不都遥不可及。在追求梦想的路上,他们用青春与热血诠释着对理想和责任的追寻,以热爱与执着一步步靠近着自己梦想。他们是高原上有梦的一代,也是高原的希望所在。

一、讲述：雪域高原追梦人

在课堂上，他是严肃而认真的教师；在课外，他是活力无限的舞者。他是拉萨市北京中学的一名教师，也是舞藏王朝街舞团的一名成员，他叫多吉热旦。

多吉热旦（图片来源：《讲述西藏》纪录片）

2007年，多吉热旦从西藏民族学院毕业回到西藏任教，那时街舞在西藏还不太流行。多吉希望通过自己的力量，让街舞能够在西藏传播。

舞藏王朝街舞团是西藏成立的第一支街舞团，成员是来自不同行业的年轻人。

甲谐表演（图片来源：中国西藏网）

舞团成员格桑群培是青藏铁路上的一名火车救援人员，与多吉热旦一样，在工作之余跳街舞。他开始时学街舞有点炫耀的意思，觉得很帅也很酷，时间久了，才发现其中的乐趣。

格桑群培与舞团的另一名成员旦增晋美有一个大胆的设想：在拉萨各个中学全面展开免费的街舞授课活动，改变街舞在人们眼中的形象。

舞藏王朝街舞团正在进行表演　（图片来源：《讲述西藏》纪录片）

多吉热旦、格桑群培和旦增晋美是西藏的年轻一代，他们选择充满力量感与节奏感的街舞，用这种热情的方式来诠释着自己对于理想和责任的追寻。

二、故事：藏族青年的梦想

1. 播音员米玛加布的文学梦

米玛加布在中央人民广播电台藏语部负责日常稿件的翻译和专题栏目制作，偶尔也担任播音一职。大学学习藏文的他，一直庆幸自己找的工作还算对口,都是和文字打交道,并自谦,在这个人才济济的北京城,若非自己顶着藏文这一技之长,便毫无立身之地了。

米玛加布在玉树地震灾区采访 (图片来源:中国西藏网米玛加布)

从那本残破的小说集开始

与文学的结缘,米玛加布回忆说,应该追溯到自己念小学时在回家途中捡到的一本小说集。

米玛加布出生在西藏日喀则农村。在他的印象中,当时除了课本,几乎没有什么课外读物。小学三年级时,在放学路上捡到了一本小说集,米玛加布如获至宝。即使集子已经没有了封面,只剩下三个故事的篇幅,他依然为之欣喜不已、爱不释手。那是一本藏文小说集,有了它之后,米玛加布反反复复阅读,并以此为蓝本,学习写作,文学世界的大门由此打开。

初中后,课外读物多了起来,米玛加布一头扑进了书籍的怀抱中。聊到对自己影响最大的一部书时,米玛加布不假思索地回答道:"《水浒传》。"那时,米玛加布第一次看到了藏文版的《水浒传》,他被书中那些梁山好汉的英雄气概深深折服。

从当年读书的高中到家，脚程需要两天，米玛加布与一个小同乡结伴回家，他们不屑于坐车，而是认为两天的路走回去才算英雄。于是，两个小伙子挑着担子就上路了。《水浒传》带给米玛加布青少年时期的影响，抹去那个时候男孩子普遍对于书中人物稚嫩的效仿之外，文学氛围的熏陶和写作水平的提升无疑才是最重要的。

行走在文学的边缘

学生时代的米玛加布和每一个文学小青年一样，除了泡在书堆中，便是搞搞小创作。从高中时代帮同学写作文，到自己作文在报刊上发表，米玛加布一直怀着一个作家的梦想。

高考顺利考上西藏大学藏文系，使得米玛加布拥有了系统的文学学习机会和得天独厚的文学资源，他更加活跃了。大学时，米玛加布和同学共同创办了名为《拉萨河的涛声》的文学期刊，从筹资、油印到刊发，米玛加布与志同道合的同窗们乐此不疲地忙碌着。怀揣着文学梦的米玛加布，正追随着自己的梦想前行。

大学毕业后，米玛加布被分配到西藏民族学院（现西藏民族大学）做藏文教员，四年繁忙的教师工作中，米玛加布挤出时间集结了学院里同样热爱文学的学生，创办了文学期刊《摇铃》和藏文文学社，并担任文学社的指导员。虽然能够与文学日夜相对，但米玛加布还是遗憾因工作所限，无法投身于文学创作，离那个作家梦似乎越来越远。

幸运的是，2002年调入中央人民广播电台后，米玛加布依然能够在自己钟爱的文学领域发挥一技之长。电台的工作涉及藏文翻译，虽然是文字的二次加工，却也可以看作文学的再创作。尤其是电台文学栏目的制作，更让米玛加布有了用武之地。挑选和编辑自己喜爱的文学作品，通过广播与更多的朋友分享，米玛加布找到了继续文学梦想的一种新形式。

米玛加布身上也许有着每一个文学爱好者对文艺的本能兴趣吧，他除了留意文学界的大家和作品之外，对于音乐、美术、民俗等也同样关注。每一次回西藏探亲，米玛加布都要登门拜访自己喜爱的艺术家。然而拜访并不止于聊天，提前做了百分之九十九功课的米玛加布会将每一次拜访写成人物专访，发表于《中国西藏》杂志。"纯属业余爱好"——米玛加布这样解释自己的举动。他用笔记录着西藏文艺圈里一些大家，现如今已经走访了二十多位。

在米玛加布的观念中，书籍对于一个人小时候的影响至关重要，他频繁提到的一句话便是："一本书可以影响一个人的一生"。在北京的这八年，米玛加布一有时间便逛书店，看到书架上那些丰富多样的儿童读物，再回想西藏孩子们课外书籍的匮乏，米玛加布觉得自己应该做点什么。

这次见面，米玛加布带来了三本藏文书：一本是选编中外励志故事集；一本为藏族音乐家觉嘎的学术著作；一本是《西藏故事》。这都是他业余工作的成果。将一些优秀的中文著作翻译成藏文，提供给藏区的读者。他不愿西藏的孩子们再如他自己的童年那样求书而不得。

"从翻译中能学到很多东西，而我选择书籍的标准首先是要自己感兴趣的。"那本励志故事集每一篇都是曾经感动过米玛加布自己，他相信同样也能给藏区的孩子们带去震撼与启迪。而对藏族艺术类著作的翻译除了自己的兴趣所在，更多的也许是希望好书能够得到更多人的分享吧。

被问及最大的梦想，米玛加布说，只是希望能够继续将广播台的文学栏目做好，多采访藏族文艺工作者、继续翻译优秀的书籍。虽说现在米玛加布已不再立志当作家，实现那个从小便生根发芽的文学梦；然而，他现在的工作不照样能够如文学一样启迪人的心灵、给人带去温暖吗？

2. 万玛尖措：用舞台艺术诠释藏文化精髓

《香巴拉》剧照（图片来源：万玛尖措）

《香巴拉》的成功，让万玛尖措站到了一个新的起点。如今的他，是编剧导演，是万玛舞团的创始人，是芝加哥希林艺术中心的艺术总监……身兼数职，责任也愈加沉重。

对舞台艺术熟练掌握的万马尖措选择把对民族文化的理解，通过舞台这一形式呈现，让更多人看到和分享这种精神和感受。

1991年，12岁的万玛尖措进入中央民族大学学习。受家庭影响，接触藏族舞蹈的他选择了民族舞专业。数年的基本功学习让他对民间舞和现代舞有了丰富的知识储备。大学时期，万玛尖措开始进行舞台剧创作。

2002年，23岁的万玛尖措凭借舞蹈《出走》，荣获第五届全国舞蹈大赛创作金奖，成为当时年纪最小的金奖得主。这次获奖让他很意外，也让他突然感觉到了肩上的重担。

"作为舞蹈演员，只需要关注自己演绎的部分；作为编导，则需要把握作品内涵和呈现方式，让观众接收到积极向上的正能量。"

创作初期，万玛尖措的作品大多是以其他少数民族为创作主题，"蒙古族、维吾尔族等民族的音乐和舞蹈开发都比较成熟，而且认知度高。作为一个新人，我会选择比较成熟的题材进行创作。"

对于自己从小耳濡目染的藏民族文化，万玛一直不敢尝试。"作为藏族人，我对本民族文化始终有敬畏之心，这需要一个积累和沉淀的过程"。

《香巴拉》或许正是万玛尖措口中"积累和沉淀"的结晶。

"香巴拉"是藏语的音译，又称"香格里拉"，是极乐世界、自由净土的意思。以《香巴拉》命名，万玛想表达的是"人生来会被包围在物质和欲望中，要做出很多选择，但不管是生命不可承受之重，还是不可承受之轻，都应该用平和的心境去面对和平衡，以寻求精神的自由和灵魂的安静"。

在《香巴拉》中，万玛尖措采用了现代的舞蹈剧场形式，以舞蹈为主体，融合音乐、歌曲、对白等多种元素，称得上"一部舞台上的电影"。但藏文化元素才是架构整部作品的血肉：经过重新解构的藏舞动作，未做任何加工的原生态道具，还有回归质朴的民族服饰。

"艺术作品是沟通媒介，只有干净、纯粹才能保证沟通畅通。在作品中，我尽量去掉装饰性、概念化的东西，让情感更接地气。"

"一百个观众眼中有一百个香巴拉。"这是万玛尖措创作《香巴拉》最想看到的效果,"每个观看者都会因生活阅历和人生体验的不同而产生不同的观演感受,这是艺术最吸引人的地方,也是我一直以来的创作愿望。"

对于藏族文化的传承和传播,万玛尖措总结了三个关键词:平衡、族群文化认同和国际化语境。

"平衡"是万玛尖措的创作态度。"平衡观演关系在艺术创作中非常重要。艺术表达是'客观呈现',而绝非仅仅是创作者主观意识的灌输。要把平等的观演空间留给受众,让他们带着自己的情感、阅历观看作品。只有平等的互动和积极的反馈,作品才有它真正的传播意义。"

"族群文化认同"是万玛尖措的创作原则。"藏族文化,包括音乐、舞蹈和宗教信仰是我艺术创作的根基。所以无论我将作品带到世界各地,藏族观众的文化认同是我衡量这部作品是否成功的最终考量。"

"国际化语境"是万玛尖措的创作方式。"普世价值观能让观众去思考领悟作品的意义,但前提是你得先把他们吸引到剧院里"。《香巴拉》在国外演出成功,坚定了他的创作想法。"任何一个民族的文化想要走出去并得到认同,都需要找到国际化的传播语境。观众在熟悉的叙述方式和语言环境中,才有兴趣去接触作品、理解作品、感悟作品。"

3. "80后"摄影家:摄影让我的梦想加速

丹增曲培的梦想就是让大家都来了解西藏,尤其是西藏的民俗风情,"锅庄舞是怎么跳的,骑在马背上怎么捡哈达……所有的这些,我都想把它们记录下来。"

在首届"印象西藏"摄影大赛作品展的开幕式现场,坐在前排的一位帅气但沉默的年轻藏族小伙儿,与周围的摄影家相比,明显带有几分青涩和拘谨。

这位年轻的小伙儿名叫丹增曲培,1989年出生于西藏。大学期间,丹增曲培用平时打工挣来的钱买了第一部卡片机,拿着它到西藏的各个地方去拍人物和风景照片。那时候,他对摄影完全没有概念,也没有接受过任何专业培训,纯粹是爱好而已。

丹增曲培的第一幅摄影作品《村姑》（图片来源：丹增曲培）

2008年，丹增曲培的第一幅作品《村姑》入选了西藏自治区举办的今日西藏妇女展，并最终获得了三等奖，他也从此走上了摄影的道路。

由于在牧区长大的缘故，在所有的涉藏题材中，丹增曲培对民俗文化摄影最为感兴趣。他的梦想就是让大家都来了解西藏，尤其是西藏的民俗风情，"锅庄舞是怎么跳的，骑在马背上怎么捡哈达……所有的这些，我都想把它们记录下来。"

2009年，丹增曲培的作品《马背上的目光》，到目前为止，已经得过很多奖项。

丹增曲培摄影作品《马背上的目光》（图片来源：丹增曲培）

"西藏确实很美，尤其到林芝。刚开始看到图片的时候，你会以为那是后期处理过的图片，但是真正到实地采风的时候，才发现原来根本不需要任何后期处理。"

丹增曲培说，藏族摄影家最大的优势在于，他们有更多的机会跟自然零距离地接触。但"不能除了风景还是风景，我觉得可以多拍摄一些记录历史变迁的作品"。

丹增曲培拥有一份稳定的工作，他供职于西藏拉萨市当雄县教育体育局，主要负责远程教育和一些宣传工作。虽然平时工作很忙，但他说一定会把摄影事业坚持下去，"不光是从爱好者的角度，而是要接受专业的培训和专业发展的渠道"。

4. 西藏首支流行音乐组合：对待音乐 十年执着

旦增、扎罗，这两个人名或许很少有人知道，但是在西藏若提到"雪鹰组合"，却无人不晓。而雪鹰组合，正是旦增和扎罗这两人组成的西藏一支流行音乐组合。

西藏一支流行音乐组合——雪鹰组合（图片来源：中国西藏网）

旦增和扎罗两个年轻人在大学里分别学习音乐和美术专业。毕业后，他们被分配到西藏阿里地区当公务员，但是两个有梦想的年轻人觉得在当时的岗位上不能发挥自己的特长，他们毅然辞去了稳定的工作。

旦增和扎罗两人有着对音乐相同的认知与理解，2003年，凭借对音乐的满腔热情，两人在拉萨成立了以唱流行摇滚音乐为主的"雪鹰组合"。

旦增说："雪即雪域高原的意思，鹰是来自美国著名的老鹰乐队，雪鹰组合意味着在雪域高原上音乐风格偏摇滚的乐队"。

两人虽然爱好音乐，但在组合成立之初，他们发现自己对音乐的了解其实并不太多。两个人使各自买把吉他在家里摸索、学习，在不断的磨合中，他们的配合也越来越默契。

之后，雪鹰组合在拉萨的各大酒吧驻唱。两年后，他们出了第一张专辑《旦增玉罗》，这张当年专辑在西藏地区销量非常好。雪鹰组合开始有机会在各大晚会登台，西藏的百姓也开始认识并熟知他们。

2007年，雪鹰组合出了第二张专辑《摇摇头》。这张专辑一出来，就受到了西藏年轻人的追捧，特别是专辑里的《爱情的伤口》这首歌，很多年轻

人都会唱,还会把它设为手机的彩铃。

在一次演唱结束后,53岁的曲珍阿佳追着雪鹰组合要和他们合影,曲珍激动地说:"从雪鹰组合第一次在2007年的雪顿节上表演,我们一家人就深深地喜欢上了他们和他们的歌。"

且增说:"当时西藏缺少流行音乐,我们能创作一些贴近群众生活的流行歌曲,特别是表现年轻人爱情的歌曲,给他们的人生留下美好的回忆,我们自己也很开心。"

十年磨一剑,如今,且增和扎罗两个人的配合非常默契,甚至歌曲的和声部分都不用单独写,且增主唱,扎罗跟着和声很自然地就出来了。

雪鹰组合的流行音乐以藏语为语言基础,在音乐中,他们还融入了扎年琴、曼陀林等民族乐器。他们说下一个十年,希望将西藏的流行音乐往更大的国际舞台上推广。且增说,"也许将来某一天,有人说,西藏有个组合,虽然听不懂他们在唱什么,但是旋律好听,好像这就是西藏的流行音乐"。

雪鹰组合还有个梦想,开个属于自己的工作室,帮助更多热爱音乐、对音乐执着的年轻人。

5. 诗人罗布旺堆:拉萨,我用一生向你走近

罗布说:"如果当时我没有来到拉萨,或许这辈子我不会写诗,我会和大多数人一样,把大多数的精力和时间都花在挣钱上,文学梦,就永远是一个梦。"

"从海边/走到天边/只为走到你的身边/从天间/走近凡间/只为走近你的心间。"这是罗布旺堆的第一部诗集《拉萨,我向你走近》中的诗句,这是罗布比较满意的几句诗。同时,这也是最能表达他对拉萨这座城市依恋之情的诗句。

罗布旺堆是江苏人,20多年前,他是个水晶石商人。那时他叫范月军,还是个年轻小伙子,带着2700元来到了西藏,计划着找到一座水晶矿,然后发家致富。

昔日的海边少年范月军成了今日的高原吟者罗布旺堆（图片来源：中国西藏网）

20多年过去了，当年的范月军现在叫罗布旺堆，曾经的商人现在还有一个身份是诗人，计划中的水晶矿到现在也没有找到，却成了房介行业中的领头人。在拉萨这座城市里，到处都有他的客户，"很大一部分家庭旅馆的房子都是我帮着找的，哈哈，我还帮人介绍过对象"。从水晶石商人、录像厅老板、歌舞厅老板、甜茶馆老板，甚至走街串巷收购头发的生意都做过，到如今的房屋中介老板兼诗人，每一段故事都写满了起落的心酸和无奈。如果说每一种身份的转变都是求生的迫不得已，那么诗人这个身份则是他从读第一首诗开始努力得来的。

人声鼎沸的八廓街，路灯下充满古味的建筑，蓝天白云和雪山，娑婆世界的人情冷暖，乡村路边的花花草草都是罗布创作诗歌的灵感来源和素材。罗布说："如果当时我没有来到拉萨，或许这辈子我不会写诗，我会和大多数人一样，把大多数的精力和时间都花在挣钱上，文学梦，就永远是一个梦。"

"也许是拉萨这座城市有它自己的灵性，在这里我就有用不完的灵感，我曾经回到过内地，在内地，我一首诗都写不出来。"罗布无比感慨地说。

罗布坦言，诗带给自己心灵的纯净。他的另一个身份是商人，白天他面

对各种各样的客户，在和这些客户不停的周旋之后，觉得自己内心会失去一些东西。到晚上，他的心灵需要一个放松的温床，需要一股收复失地的力量，而写诗正是最好的方式。他说："当我回首往事，生活中的委屈和无奈，当我把这些都转变成一首首小诗的时候，我就会释怀，然后开心。"在罗布的名片上有这样一句话：当阳光洒在我的脸上，我是商人。当月光流入心里，我是"湿人"。不难看出这是罗布的自嘲，同时也是他的两种身份和两种生活状态。

从发表第一首诗歌《亲近太阳的人》，到正在筹备第二本诗集的出版，罗布对诗歌的热情和热爱令很多人对他赞赏有加。藏族著名诗人琼吉女士在评价罗布时有这样一段话："那个冬日的夜晚，隔着温暖的炉火，我们几个好友喝着烫好的青稞酒畅聊，其中一位从包里拿出一本厚厚的诗歌修订本，让全桌人惊诧不已。一个商人写诗已不易，写朦胧抒情诗更难，而出诗集则令人难以置信！他就是《拉萨，我向你靠近》的作者——罗布旺堆。"而罗布的老师兼好友，同时也是著名编辑的江舒先生直接把他形容为"追赶太阳的人"。西藏著名记者梅忠则说得更贴切：在海边长大，在高原吟唱。就像罗布本人诗里所说的那样：从海边走到天边，只为走到你的身边。

罗布还是一个热心肠，每年他都会联络自己生意场和文学界的朋友们一起做慈善，去孤儿院、敬老院献爱心。琼吉女士说："他是我一见如故的朋友，不只因共同的志趣，更钦佩他的人品：随性、耿直、热情、善良。"在罗布的诗歌中，除了那份对西藏的热爱之外，《感谢有你——致女儿星星》、《父亲 我心中永远的痛》、《您的离去——致三天前岳父去世》等诗篇都表达了他对亲人的那份深爱，《三年之痛——纪念汶川地震三周年》则表达了对死难群众的缅怀，《永远的三年》表达了对援藏基层干部的赞美，这些诗无不闪现着人性的真情和光辉。

在与罗布交谈中，他反复提及的一个词是感恩。从二十多年前初到拉萨的一无所有，到后来事业的起起伏伏，在他最困难的时候，藏族同胞给了他无私的关怀和帮助。离开故乡多年，在西藏，他找到了灵魂的归宿。在雅鲁藏布江边的曲水，他娶了一位美丽的藏族妻子。罗布说："西藏给了我一切，我有什么理由不赞美她，不热爱她的每一寸土地，不回报这里的每一个同胞正如罗布第三本诗集的名字《拉萨,生命的目的地》,他将和诗人这个身份、和拉萨这座城市一直走到人生的尽头,并把这当作生命中最大的骄傲。

6. 设计师扎西:创造"MADE IN LHASA"品牌服饰

"对一个优秀男人来说,他的内心深处是有一个能够跑马的地方。"这是设计师扎西对藏族传统服饰——藏袍宽大廓形的一种审美评价,同时也是他自己创建的"怡嗡"品牌服饰在款型上的一种定位。

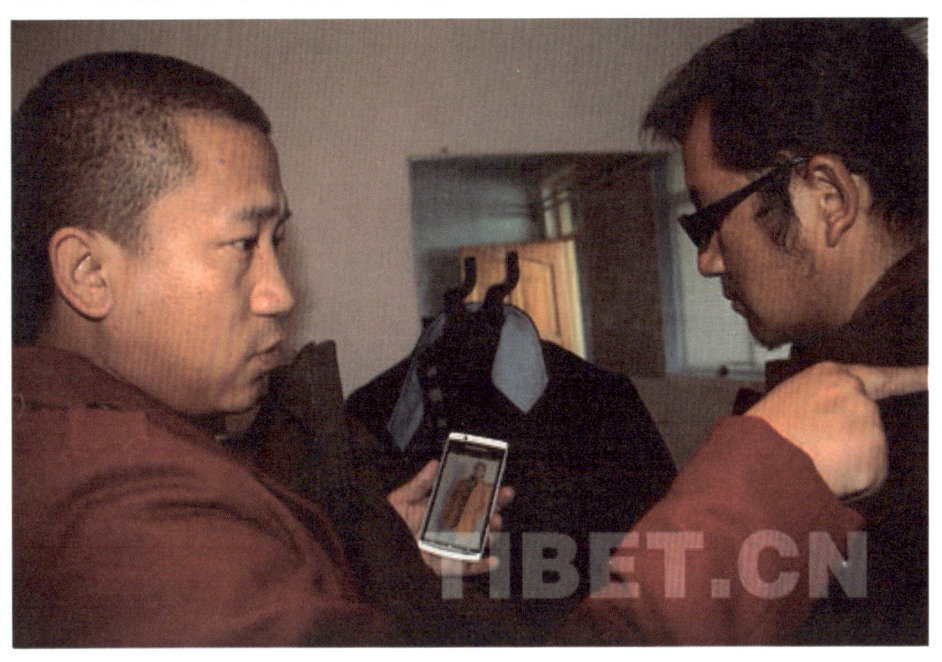

扎西为朋友量身设计新装(图片来源:中国西藏网)

2012年6月,"T型台"品牌服饰首次在拉萨发布,西藏本土时尚品牌服饰从并不华丽的现代时尚T型台走出高原,走进世人的视线里。此后近半年间,如扎西曾说过的"勇于探索和创新精神的'怡嗡'品牌会得到大家的认可"一样,该品牌服饰越来越受人们的关注与认可,甚至受到国际友人的青睐。

半路出家,从网络编辑到服装设计师

服装设计师,对于"半路出家"的扎西来说,几乎无法想象自己会有一天从事这份职业。随着"怡嗡"的诞生,"从来没有受过专业培训"的扎西,从一名参与品牌创建的合伙人摇身变为该品牌服饰的设计者,成为一名敢于探索、勇于创新的年轻设计师。

在东北上大学期间,扎西所学的专业是汉语言文学,毕业后在一家网络公司从事编辑工作,后在老家四川甘孜考取了公安民警。"公务员并不是我想要的职业",扎西做出了令家人感到意外的决定:向单位递交了辞呈,义无反顾地来到四川成都,成立了属于自己的一家小公司。由于没有经验,公司的经营遇到了困难,"决定再次寻求机会"的扎西选择了拉萨。

到拉萨后,扎西先后做过酒店经理,与台商老板合伙开办了西藏首家"后现代风格"画廊。2012年初,他与朋友创建了西藏本土服饰品牌"怡嗡"。

"怡嗡"与古老建筑的融合 (图片来源:扎西)

今年6月"怡嗡"品牌服饰的成功首发,给扎西带来了新的勇气与信心。圣诞、元旦来临之际,"怡嗡"再一次推出新款服饰,主打秋冬款。这次,扎西没有沿用时尚感十足的T形台,而是选择了拉萨老城内的小巷。

拉萨老城有着厚重的历史与千年岁月的积淀。扎西选择将老巷作为展示"怡嗡"新款的平台,旨在表达"怡嗡"团队此次设计的新款是建立在这样一种深厚的文化积淀之上。而从古老小巷中展示出的"怡嚆"秋冬款同样受到人们的欢迎，设计师扎西在人们的赞许声中，感受到的更多是一种幸福和鼓励。

不耻下问，多方求索挖掘"怡嚆"新理念

"怡嚆"品牌两款服饰成功发布后，扎西和他的团队并没有因此开始追求市场销量和经济利益，他们决定放缓做市场的步伐，思考更加清晰的定位和设计理念，回过头来继续打磨他们的产品，"为'怡嚆'今后的发展建立更坚实的基础"。

"我们最大的优势在于挖掘藏民族传统的审美和价值观，并与时尚相结合，打造全新的能够走出国内甚至是国际舞台的'怡嚆'品牌。"这是扎西对"怡嚆"的远大设想。

作为一个没有接受过任何专业性培训的设计者，从深层次挖掘什么是服装领域的西藏元素，以及西藏文化中对服饰，甚至是对美的独特审美价值观，扎西遇到了诸多难题。

然而，在学习和探索过程中"不耻下问"的精神让扎西得到了许多意想不到的启示。在拜访一位民间裁缝时，他曾告诉扎西这样一句话："对于一个男人来说，他的内心深

"怡嚆"秋冬款（图片来源：扎西）

处是需要有一个能够跑马的地方。"这是高原人民对一个优秀男人宽大胸怀的一种评价，也是一种人生价值观的传达。而传统藏族服饰中，男士藏袍的宽大阔气似乎也是对这种评价的一种表现。

扎西认为，藏族传统服饰的廓形，特有的原材料，传统颜色的搭配，西藏文化中的符号性内容，都可以称为西藏元素。如此丰富多彩而又特色鲜明的西藏元素能够淋漓尽致地体现在时尚品牌服饰中，需要不断的探索与创新，最终实现传统元素与时尚的完美结合。

对于藏民族服装在颜色上的特点，有位人类学家曾对扎西讲过这样的一个故事：这位人类学家曾坐车去羌塘草原时，他发现整个羌塘草原都是一种颜色，这时远方突然出现一位身着鲜艳藏袍的妇女赶着牛羊，其身上的炫丽颜色，给人的感觉就像一伸手把天上的彩虹抓在了自己的身上一样，灿烂无比。

只有在高原这样强烈阳光照射下的人们，才能穿上如此绚烂夺目的衣服，展现其特有的美丽。"开发新产品时，我们努力做到把这样的价值观和审美通过服装的款型、颜色等能看得见的形式展现出来，而我们精心打造出来的每一件衣服，既保持品位，又不失时尚。"

网络舞台，让"怡嚧"走得更远

"愉悦与探索、传承与创造、谦卑与自信、无常与认真"这八个字是"怡嚧"团队在成长中秉承的一种态度与精神。态度决定境界，境界决定水平。"怡嚧"在不到一年的成长过程中，已举办了两次发布会，推出了两款服饰。

网络是"怡嚧"品牌选择的另一"舞台"，已在淘宝网上线的"怡嚧"官网将成为展示该品牌服饰与藏族传统服装的又一平台。对此，扎西有自己独到的设想。

"建立藏族服装数据库是非常必要的，原因很简单，既然我们做西藏元素的时装，那便需要非常扎实地了解藏族服饰

扎西展示男士秋冬新款（图片来源：中国西藏网）

全方位的文化内涵，要了解什么是西藏元素，只有这样才能做好我们的服装。"

扎西也希望人们能够通过"怡嗡"官网了解到藏族服饰的多面文化。同时，通过对各方资源的整合，也利于"怡嗡"团队更深地了解藏族与众不同的服饰之美。"我们有信心，在传统元素的基础上，结合时尚元素，用心打造全新的'MADE IN LHASA'品牌服饰。"

扎西希望喜欢藏族服饰、喜欢"怡嗡"的年轻人能够参与其中，无论是通过手中相机拍摄的图片，还是用笔墨记录下的有关文字，能够通过"怡嗡"官网提供给团队，"大家共同努力，才能建立这个庞大而又重要的数据库"。

"怡嗡"为参与者发放代金券，他们将可以凭代金券购买到各自喜欢的"怡嗡"品牌的衣服。"这是对热衷这项工作的朋友们的另一形式上的补偿方式。"

目前，"怡嗡"品牌依然处在初始的起步阶段，与国内外成熟品牌相比，还有相当大的距离。但是对未来，扎西充满希望。

"我们对藏族传统服饰最了解"。这是"怡嗡"的资源，也是他们的自信。

7. 藏族学生导演：我们在路上

我们期待着这新的一批未来"电影人"的成长，从他们纯净澄澈的眼神中，从他们未经打磨的朴质技巧中，从他们坚定而执着的理念中，看到梦想的实现从不远处走来。

中央民族大学藏族学生导演拉姆扎西、华赞、昂却本（从左至右）（图片来源：中国西藏网）

由中央民族大学藏学研究院首次举办的学生短片交流会上，该院藏语言文学专业研究生昂却本执导的《放羊娃》、拉姆扎西执导的《星期天》、华赞和拉毛才旦执导的《希热的微笑》三部藏语短片的展映，引发了大家热烈的讨论。这几位充满激情与梦想的学生导演讲述了影片拍摄背后所不为人知的小故事。

昂却本：用高清数码相机拍出来的《放羊娃》

洁白的雪地上，躺着一个酣然入睡的少年，这是《放羊娃》的海报。"本来是想出去拍照片的，当把羊赶到草场后，一眼望过去，觉得太美了。就跟弟弟说，我们不如拍个短片吧。"昂却本说。于是，他用了一小时左右的时间，构思了一个小剧本。写一个嗜睡的少年，在放羊时，被小偷偷走了羊、放走了马，还浑然不觉。醒来后，惶然失措。等他找到了马，看到了羊群，却也不管是否丢失了羊，说了句"好羊不弃放羊人"后，继续睡去。

昂却本笑着说，自己是个有些懒散的人，他想用这个简单而充满戏剧性的小短片，来提醒大家惰性往往会使人失去很多东西。

经过简单沟通，弟弟赛却多杰来演放羊娃，自己和妹夫桑结加来演偷羊贼。他先躺在草地上随便摆弄着相机，忽然发现倒着看过去，草像是指明了方向一样，这便成了他的第一个镜头。这种倒置的机位，也得到了其他几位导演同学的赞赏。昂却本说，很早以前就喜欢电影，也一直有拍电影的想法，这部短片却拍得过于简单——剧本简单、台词简单、设备简单、后期剪辑也简单。但不管如何，这是迈出的第一步，以后会做得更好。

拉姆扎西：剧本还需要准备得更充分

拉姆扎西在西南民族大学读本科时就曾拍过一部短片。研一寒假前，接到朋友的一个电话说可以借用到设备也有资金支持，他立刻动身去了成都。依旧是第一部短片的原班人马，6个人总共用了13天时间，完成了《星期天》的剧本创作、拍摄、后期制作。

短片讲述了一个大学生一天的生活，无论身处宿舍、教室还是茶馆，均无法静下心，内心充满了浮躁、困惑与迷茫。在拉姆扎西看来，多数大学生都经历过这样一个时期，这是一个普遍现象。因此需要有清醒的认识、坚定的意志，树立好自己的目标，如果没有定力，只能是纵容自己。

"我们架了两个机位，也有监视器，作为实验性的作品，设备相对而言很不错，但因为缺乏专业知识，设备都用得不到位，很多镜头都是用很笨很原始的方式拍的。"拉姆扎西觉得整个拍摄中，与演员沟通经验少、拍摄技巧不足，后期剪辑也比较困难，一切都只是凭着感觉和热情去做，短片并没有达到预期的效果。

"现在做短片的人很多，而剧本是一部片子的核心，下一部我首先会将剧本打磨好，现在要做的就是多储备专业知识。"

华赞：用我的镜头讲故事给你们听

希热，在藏语里是"智慧"的意思，而老师是智慧的来源。由华赞和拉毛才旦执导的《希热的微笑》讲述了一位叫希热的乡村教师在午睡时梦中仍然牵挂着学生的小故事。

华赞说，以前跟一个当过小学老师的朋友聊天，朋友讲到有一次批评了一个学生，吃晚饭时发现这个学生不见了。夏季牧场又离学校很远，路上什么都有可能发生，就非常担心。经过艰难的寻找，在茂密的草丛中，终于发现了自己的学生。这个故事让华赞颇有感触，也成了剧本的雏形。

与其他两部短片相比，这部短片不仅剧本打磨过四五遍，而且有专业的摄影师、录音师及后期制作，相对而言较为成熟。华赞说，"特别感谢给我提供帮助的那些朋友们。"

原本计划大年初七、初八开拍，结果初二晚上集合，简单沟通后，初三中午就开始拍了。其他人在热热闹闹地过年，他们一帮年轻人在甘南藏族自治州玛曲县日玛乡的一个小学校里拍短片，大家白天拍片子，在风沙里啃着干吃面、饼干，晚上赶回70公里外的家里住，用了四天半时间将短片拍摄完成。

华赞说，因为是刚开始拍短片，所以并不擅长用镜头语言来表达想要表达的东西，似乎更习惯于用情节来表达。希望在以后的拍摄中能一幕幕地用自己的镜头讲故事给大家听。

他们并非专业导演，也没有参加过相关培训，仅凭着一个挚爱电影的梦想，哪怕手执数码相机，也会用镜头记录、讲述、想象一路上看过的风景和发生的故事。影片虽略显青涩，更无技巧可言，可无论是昂却本的想象力、拉姆扎西的思索，还是华赞与拉毛才旦短片中的温暖，这些干净而充满灵性的画面，分明让人感受到了他们对电影的喜爱，对民族文化的热爱。

三、编辑视点：那些追梦的藏族青年

女子组合演唱《图片来源：中国西藏网幸福家园》

如今，曾被不少人诟病的"80后"群体已进入而立之年，褪掉了稚嫩，他们开始在各行各业展现出自己的责任与担当，成为年轻一代的中坚力量。

在祖国的青藏高原上，也有这样一群年轻人，时代为他们展开了新的画卷，在追求梦想的路上，他们的脚步从未停歇。今天的拉萨，传统与现代交融。壮美的布达拉宫，虔诚的转经人；川流不息的车辆，琳琅满目的商品。在这个洋溢着藏族风情的现代都市里，每个人都在为自己的理想奋斗着。

格桑拉姆是西藏歌舞团的舞蹈演员，在舞蹈专业的寻梦之路上，她已经走了20多年。对于一名舞蹈演员而言，舞台生涯的黄金时间已经不多了，但她依然留恋这个寄托着自己梦想的舞台。今天西藏的发展，生活的富足，让格桑拉姆们更关注自己内心世界的充实，更有了实现梦想的际遇。

在高原和煦阳光的照耀下，他们的梦想正绚丽绽放，如盛开的格桑花一样美丽。他们正以勤劳的姿态，追寻着属于自己的幸福生活。

西藏喜欢街舞的年轻人（图片来源：《讲述西藏》纪录片）

四、背景知识：传统与现代交融和谐的西藏百姓文化生活

在村口就能享受"文化大餐"的藏族同胞（图片来源：中国西藏网）

在西藏，经常可以看到这样的景象：天还不亮，围着布达拉宫转经的人已经络绎不绝，手拿转经筒，口中念念有词，已经成为游客心中西藏人的经典形象，旁边的宗角禄康公园里，晨练的人们也不少，健身秧歌舞、太极拳等齐上阵。

传统与现代，对于西藏人来说都是一种生存方式，也是一种文化。

这种和谐文化氛围的形成得益于近年来西藏文化各项事业的发展。"十二五"期间，国家和自治区对公共文化设施建设投入13亿余元，每年安排6000余万元资金，大力实施面向基层、服务群众的免费开放、共享工程、文化产品创作生产、文化下乡等公共文化服务工程。

还启动了图书馆、群艺馆和543个乡（镇）综合文化站，39个县民间艺术团排练场新建和改扩建项目，安排落实了设备购置和维修改造资金近1亿元。截至2014年9月，西藏全区74个县（区）均成立了县级民间艺术团，有演员人数近2000人，实现"县县有民间艺术团"。

西藏还新建成了一批共享工程乡村基层服务点，完成了《八大藏戏》、《民间舞蹈》、《格萨尔多媒体资源》等特色文化资源建设和优秀文化资源的藏语译制工作，启动了数字图书馆、公共电子阅览室建设等项目，为百姓生活注入了新的活力。

第八章
多彩青春

摇滚歌手、体坛健将,大学生村官、商人……一生中,你会有很多次可以选择的机会,许多种可以从事的职业。既然青春留不住,何不尽情张扬,去追求想要的幸福生活。在寻梦者身上,闪耀着青春自信的光芒。

岩壁上的青春(图片来源:杨旭)

一、讲述：青春，以梦为马

西藏天杵乐队 （图片来源：《讲述西藏》纪录片）

  天杵乐队近似疯狂的表演，引来台下一阵阵的欢呼与尖叫声，如果不是亲临现场，很难想象，带有叛逆色彩的摇滚乐在西藏竟然有如此众多的乐迷。

  成立于1999年的天杵乐队是西藏的第一支摇滚乐队，"中青年都非常接受我们的音乐，一些老年人也慢慢开始接受我们改编的民歌了。"天杵乐队队长扎西平措说："乐队的每个成员都有自己的工作，音乐只是我们的梦想。"

  当这些狂放而张扬的乐曲在高原上唱响，新一代的藏族年轻人正在实现理想。

  从小在舅舅店里帮忙的次仁，在7年前开始经营起了自己的藏餐厅。次仁有着自己做生意的秘诀——"做地道的传统藏餐"。他说，开餐厅只是自己的一种生活方式，"习惯了这样的生活，每天都很快乐"。

  如果到了拉萨你问一位藏人，在哪里可以买到最好最正宗的藏族物品，无论是佛教法器、衣着，还是专为游人设计的礼品、商品，你得到的答案将无一例外是"八廓街"。

  普次的利民唐卡店就在这条街上，从早到晚，普次闹中取静，总是稳稳地坐在画布前,一笔一笔勾勒着美妙绝伦的佛像,似乎对门外街头的喧闹充耳不闻。

桑日县民间艺术团青年演员（图片来源：中国西藏网）

普次的作品并不多,赚钱也不多,但他对自己的生活和创作非常满意。"心是平静的,那就是幸福"。

二、故事：青春绽放在广阔天地

1. 攀岩运动员仁青拉姆：岩壁上的芭蕾舞者

西藏林芝姑娘仁青拉姆拥有诸多荣誉,第二十届亚洲攀岩锦标赛女子攀石项目亚军、第二十一届亚洲攀岩锦标赛双料冠军、2013年全国攀岩分站赛（拉萨站）女子难度和女子攀石双料冠军。

仁青拉姆（图片来源：中国西藏网）

仁青拉姆拥有令人艳羡的纤长身姿，黝黑健康的肤色，在攀岩壁上灵活如飞燕；她拥有极高的攀岩天赋，既乐于应对现代竞技攀岩和抱石的体力挑战，也愿意尝试极具浪漫和冒险气息的传统攀岩。

懒孩子成了运动员

如果不是丁承亮和尼玛次仁，仁青拉姆不会与攀岩结缘，更不会成为著名的攀岩运动员。

2006年，西藏登山学校来到林芝选拔登山运动员。还在上中学的仁青拉姆为了逃避劳动课，主动提出要去参加选拔。"我们老师都笑了，认为我是比较懒的姑娘，能当运动员吗？"抱着好奇和试试看的心态，仁青拉姆挤进了看热闹的人群。

出人意料，通过层层选拔，仁青拉姆成功入选了。"其实在选拔考试中我的成绩并不是最好的,而且也不太喜欢体育。所以那时候,很纠结,又不想离开家乡和亲人。"最终在妈妈德央的鼓励下,她才下定了决心。从这天开始,仁青拉姆的人生开始有了新的轨迹,与攀岩结下了不解之缘。

"第二故乡"赣州

16 岁的仁青拉姆离开家人,来到江西赣州应用技术职业学院训练、学习。从小在高原成长的她突然远离家人,来到一个陌生的城市赣州,各方面都需要时间来适应。

"最大的困难是语言",那时仁青拉姆汉语说得不好,一同前来的藏族同学也只有 6 个。"孤单,非常孤单"。她至今清晰地记得当时的感受,"只能经常和家里人打电话,一打电话,说着说着就哭了。"同时,气候和饮食也给仁青拉姆带来困扰。习惯了天高云淡、气候适宜的西藏,初到江西,潮湿闷热的夏天让她难以忍受,"热得没有一点食欲"。

由于平时比赛和训练日程很满,即使过春节,队里也只放一天假,"根本来不及回家"。自从在江西训练攀岩后,仁青拉姆再也没有回家过年的机会。

仁青拉姆说:"过藏历年的时候,教练把我们带回自己的家,师母已经为我们准备了一桌子的菜。有火锅、饺子、炖菜、炒菜,丰盛的一大桌,大家都非常感动。"

不仅如此,在平时的学习生活中,教练和师母就像爸爸妈妈一样,无微不至地照顾着她们。渐渐地,一点一滴的关怀让仁青拉姆融进了这个大家庭。现在她已将赣州视为"第二故乡"。

从攀岩"菜鸟"到冠军

第一次正式参加攀岩比赛是在 2007 年,这次比赛给仁青拉姆留下了难以忘怀的记忆。

"当时我什么也不懂,没经验又特别紧张,也不知道赛前应该做什么准备工作。突然就听到有人喊我的名字,要出场比赛了,我那时一下就懵了。"仁青拉姆的赛场首秀以倒数第四名的成绩告终。

尽管名次靠后,但是通过那次比赛,仁青拉姆突然发现了攀岩比赛的乐趣,"非常享受那种和其他选手同场竞技的感觉"。从那之后,她开始有意识地给自己施加压力,增加训练时间和难度。2008 年昂青少年锦标赛上,她获得了女子组冠军。

通过不断的比赛，仁青拉姆的经验越来越丰富，成绩也越来越好，2010年她顺利进入国家队。2012年，在广西举行的亚锦赛上又获得女子攀石亚军和女子难度季军的好成绩，2013年她再接再厉，在伊朗拿下了亚锦赛女子难度、女子攀石双料冠军，实现了中国女子攀岩选手在国际大赛上的历史性突破。

回忆起那光荣的时刻，仁青拉姆带着幸福而自豪的笑容，她说："当第一次亲眼目睹我们的五星红旗在赛场最高处冉冉升起的时候，我内心充满了激动。同时，作为一名少数民族运动员，我感到非常骄傲和自豪！"

在荣耀的背后，是旁人难以想象的艰辛付出。"90后"的仁青拉姆每天都需要很多时间进行训练，周末也不例外。除此之外，还有文化知识的学习。

2013年9月，仁青拉姆前往江西理工大学修习本科课程，同时继续进行攀岩训练。"我期待在赛场上能有新的突破，为祖国和家乡赢得更多荣誉，为攀岩事业的发展做出自己的贡献"。

2. 扎西旺堆：珞巴族音乐记录者

2011年，扎西旺堆开始记录珞巴族民歌。为了找寻最纯正最传统的唱法，扎西旺堆一个村子一个村子拜访珞巴族的长者。一边听老人演唱，一边用藏语记录，回去后再不断学习模仿。"我们不仅应该记住自己文化的东西，其他民族的文化也是宝贝。"

扎西旺堆是出生在米林县岗嘎村的工布藏族。外婆热爱唱歌，这让他对于音乐也有了一份独特的情愫。喜欢唱歌的他，尤其爱对着家乡的大山唱，"唱给这里的一山一水、一草一木，心情就变得特别好"。

在内地读书七年的扎西旺堆接受

酷爱珞巴族音乐的扎西旺堆（图片来源：中国西藏网）

了系统的教育，相较于生活在朴实家乡的其他人，对现代文化的融入程度也更高。但是在他的骨子里，有一种叫作"根儿"的东西，深深埋在心里。毕业后，他选择回到家乡。

尽管他的工作与音乐并无关联，扎西旺堆还是保持着对音乐的热衷，"经常唱歌为村里的人听，要不就是对着大山唱歌。"也正是因为音乐，他走进了珞巴族。

珞巴族是中国人口最少的民族之一，主要分布在西藏米林、墨脱等县，目前可以查清的人口仅3000余人。

"一开始我就觉着珞巴族的那种原生态的音乐特别棒，便开始学着模仿。"久而久之，扎西旺堆已从不懂珞巴族语言到能演唱珞巴族民歌，还结识了很多珞巴族朋友。"珞巴族人做人做事不含糊，直来直去，我喜欢。"

随着对珞巴族民歌的接触越来越多，扎西旺堆开始想把这种音乐传唱出去，"为什么不让更多的人去了解，去唱呢？"

2011年，扎西旺堆开始记录珞巴族民歌。为了找寻最纯正最传统的唱法，扎西旺堆一个村子一个村子拜访珞巴族的长者。一边听老人演唱，一边用藏语记录，回去后再不断学习模仿。一开始唱得并不像，但他"学了很长一段时间"。

"听珞巴族民歌的时候，非常美妙。闭上眼睛就像在大森林里一样。它的曲调都很简单，应该是他们在山中部落生活时创造的，朗朗上口。"一谈起珞巴族民歌，扎西旺堆的脸上就流露出幸福和享受。

为了让更多的人了解珞巴族音乐，扎西旺堆煞费苦心。"珞巴族语言其他人根本听不懂，那就要把音乐改为大家能够传唱的。"于是，他开始谱曲创作，在融入珞巴族歌曲与现代歌曲的元素上创造歌曲。

有一次创作歌曲，为了寻找一种类似珞巴族竹笛的声音，扎西旺堆找了三个月，终于在一个印度导游那里听到，"专门跑到拉萨去取"。同时，在作词上他也需要大量时间。"先用汉语作词，然后再找珞巴族长者翻译，有时候一首歌在歌词上就要花费一个月。"

搜集记录传统歌曲后，扎西旺堆开始拍摄记录珞巴族文化。在拍摄完成珞巴族巫师作仪式的现场后，他说，"目前，珞巴族会这种仪式的只有亚波老人一人了，也许老人去世后，我们就再也不会看到了。"因此，哪怕遇到没有资金设备的情况，他也没有停止记录拍摄的事情。

扎西旺堆创作的珞巴族歌曲《波噶尔的幸福生活》很受欢迎，最让他欣慰的就是很多孩子都会找他来拷贝这首歌放到手机里听。"我们不仅应该记住自己文化的东西，其他民族的文化也是宝贝。"

3. 西藏"大学生村官"：青春绽放在广阔农村

"农村天地广阔，大有可为。"这是很多在西藏任职的大学生村官们不约而同能说到的一句话。大有可为的还有他们在农村大地上的"梦想"。但梦想毕竟与现实不同，特别是"刚从象牙塔出来，就走到最具体最现实的基层农村"，他们都经历过"阵痛"……

在西藏任职的大学生村官们（图片来源：中国西藏网）

"村里技术员来电话说，茄子该收了，要和我商量一下销售的事。"嘎吉，26岁，一个皮肤黝黑的藏族小伙子，在西藏山南洛扎县洛扎镇次麦居委会任主任助理，是西藏首批"大学生村官"中的一员。2011年，来北京学习的15天里，嘎吉平均每天会接到三次村里打来的电话。

甜蜜的负担

显然，在洛扎县两年，嘎吉的工作是小有成绩的，至少，村民已经离不开嘎吉了，对他很信赖，甚至是依赖。每天三次的电话，大到茄子销路、砂石料运输，小到村民开证明、村里养的牛生病了，村里人都会跟嘎吉商量。

嘎吉一脸笑容，他说这些都是"甜蜜的负担"。

有"甜蜜负担"的不止嘎吉一个。同在西藏做"大学生村官"的藏族姑娘贡觉卓玛、汉族小伙王东海也有这些"负担"。在两年时间里，他们究竟做了什么，让村民如此依赖他们？

并不甜蜜的开始

"农村天地广阔，大有可为。"这是嘎吉、贡觉卓玛和王东海不约而同说到的一句话。大有可为的还有他们在农村大地上的"梦想"。

但是，梦想毕竟与现实不同，特别是"刚从象牙塔出来，就走到最具体最现实的基层农村"，他们都经历过"阵痛"：

贡觉卓玛，刚到错那县浪波乡羊堆村做书记助理的时候，"村民还不信任我，觉得我就是一个刚毕业的毛头小孩，工作很难开展。白天受了委屈，晚上我就一个人在被窝里哭……"

王东海，仁布县帕当乡切村党支部书记助理，说起当初，眼睛忍不住湿润："刚开始，我不懂藏语。当时村里没有电，手机也没有信号，手机等于废了两年，与以前的生活是大不相同……"

但是"阵痛"过后，坚持依旧……

如今，他们在工作上都游刃有余了，王东海总结道："做村官，不能急，也不能理想化。必须从小事做起，一件小事、一个帮忙，村民都会看在眼里，记在心上。感情就是这样慢慢建立起来的。"

青春绽放在广阔农村

回顾两年来的工作和生活，入村之初许下的诺言、怀揣的梦想，都在慢慢实现。

嘎吉在洛扎镇主持筹建了砂石料加工协会，从此洛扎镇除了劳务输出以外，又多了一条致富的路子；贡觉卓玛及时察觉群众的困难，主动为村里考上大学的扎西达瓦申请生活费救助，一个青年的命运由此发生了改变；王东海开着政府下发的金杯 130 车，为牧民拉牧草、拉化肥农药，把生病的村民及时送到镇上医治，王东海说："村里面的年轻人都出去务工了，剩下妇女儿童，还有老人，我有责任照顾好他们。"

不仅是这些，还有为村里解决人畜饮水困难，结束群众背水跋涉的历史；自筹 5 万元资金，修建村里第一个温室蔬菜大棚；使用电子版藏汉文资料，开启村子现代化办公的历史；为村民的屋子重新规划排水管道，主动上门为农忙的村民开证明……

这些看似很小却盈满他们心头的事；那些看似普通却让他们记挂的可爱村民；那些被村官们称作为"甜蜜负担"的依赖……与嘎吉、贡觉卓玛、王东海一样，众多"大学生村官"的青春绽放在广阔农村。

4. 赵怀东：西藏羌塘草原上的国际 NGO 动物保护者

赵怀东：西藏羌塘草原上的国际 NGO 动物保护者

美国著名动物学家、国际野生生物保护学会自然保护专家乔治·夏勒博士曾经这样描绘他对羌塘的梦想："人类、家畜和野生动物共同生活在羌塘广阔的草原上，保持着生态上的和谐。"赵怀东说，"这也是我们所有人，包括这片荒野，共同的希望。"

在野外工作的赵怀东（图片来源：中国西藏网）

做野生动物保护需要浪漫主义情怀

也许在一个地方住久了，就会逐渐滋生出这个地方人特有的气质。在西藏待了近7年的赵怀东，留着一头齐肩长头、身上佩戴着几样藏饰，甚至连他走路的姿势，都更像是一个藏族汉子。他同事卞小星在一旁说，"已经不少人这么说老赵了，跟藏族老兄们在一起，几乎没有什么差别。"

2007年赵怀东第一次进藏，协助朋友做了半年的鸟类多样性调查，"西藏空气好，视野也很开阔，在湖边支好观鸟镜就可以开工了。而且，还可以看到很多自由奔跑的野生动物，对我来说，这真是个好地方，就想留下来。"

羌塘，藏语意思为"北部的空地"，平均海拔5000米，历来被称为人类的"生命禁区"。但这里拥有29.8万平方公里的世界第二大陆地自然保护区，承载着藏羚羊、藏原羚、藏野驴、野牦牛、雪豹、藏狐、黑颈鹤、高山兀鹫等高原精灵的生息。

藏原羚 （图片来源：赵怀东）

2008年，赵怀东如愿加入了国际野生生物保护学会，在西藏羌塘保护区进行生物多样性调研及保护工作。6年来，他们项目组每年都有4-8个月的时间在野外工作。"我们熟知高原上的各种飞禽走兽，并且所有工作都是为了帮它们守护净土。听起来够文艺、甚至够刺激，但在这个物质欲望强烈的时代，如果没有一种浪漫主义情怀，很难坚持下去。"

团队里的7名成员，几乎都有与环境科学相关的专业背景，"因为真的喜欢这类工作，即使远离城市，在高寒缺氧地带工作，也不会考虑特别多。"赵怀东说，"我们这群人志趣相投，在一起工作也觉得很带劲。"

在羌塘草原上的几年奔波，让赵怀东对这片土地、这里的生灵、人都产生了更深的情感，"在这里从事生物保护的人不少，我尤其喜欢跟林业局的人打交道，他们身上有一种天真无邪的气质。"

守护世界屋脊上的生灵和土地

20世纪80年代，世界上最大的NGO之一的国际野生生物保护学会（WCS）开始在中国展开工作。2007年，学会在拉萨建立了办公室，开展羌塘草原保护项目。"主旨就是致力于保护羌塘草原上的野生动物和它们的栖息地，维护野生动物和当地居民之间的长远和谐。"赵怀东说，"现在看来，效果还挺好的。"

项目组持续开展了多种针对生态变化和关键物种的考察和科研工作，包括藏羚羊重要产仔地及交配地调查、藏野驴分布及栖息地调查、羌塘南部鸟类多样性状况评估、棕熊肇事冲突调查等，"仅2009年对有蹄类集中调查，在羌塘的9个县境内，185组样方（625k㎡/样方）上就记录到6万余次藏羚羊，从而得知其种群密度分布，这些数据都非常有意义。"

藏野驴（图片来源：赵怀东）

"那天在北师大的讲座上,我放了好多张羌塘野生动物的照片给他们看,大家都非常有兴致。尤其是看到仰着脖子奔跑的藏野驴,台下的人都跟着乐。"赵怀东笑着说,"守护好这片土地和生活在这片土地上的生灵,就是我们工作的意义所在。"

对羌塘生态的保护亦是为了藏族文化的未来

几年的工作,赵怀东和他的团队意识到,保护并非单一的"保护",缓解人与野生动物相互竞争的矛盾关系,建立相对互利的和谐关系,"我们想通过野生动物和当地人的眼睛,寻找可推广的和谐模式。"

从2013年开始,项目组启动了以社区为基础的保护激励协议,提供资金和设备支持,为社区建立人兽冲突防护措施,以发展替代生计,期望以此逐步恢复羌塘原有的人与自然相对和谐的关系。

他们以那曲的双湖县嘎措乡和阿里的改则县古姆乡森多村作为试点,建立无电金属网围栏,并在围栏上缠上刺铁丝,抵御棕熊为主的大中型食肉动物袭击,保护牧民住房及羊圈,同时也防止棕熊等兽类过多依赖人类资源。"当地人并不知道我们是在保护动物,但对他们有益的事,接受起来还是很愉悦。"

"因为,羌塘除了野生动植物外,还拥有独特的游牧文化,这种文化在高原的地段环境中逐步成长,弥足珍贵。"赵怀东说,"我们觉得,对羌塘的生态保护不仅仅是为了野生生物的福祉,也是为了当地人们及其文化的未来。"

【相关知识】

赵怀东,国际野生生物保护学会(Wildlife Conservation Society)西部分项目主管,资深鸟人、动物保护工作者、户外爱好者。2000年毕业于东北林业大学野生动物保护与利用专业,自大学合作创建观鸟社团起,活跃于各类动物保护活动中。跋山涉水七载,承担过八个野生动物实地调研项目及多次环境教育活动,曾任国际爱护动物基金会(IFAW)亚洲象保护项目主管。2007年参与西藏鸟类多样性调查。2008年加入WCS,在西藏羌塘保护区进行生物多样性调研及保护工作,每年均有4-8个月在野外考察,熟识高原的飞禽走兽,致力于为它们守护住那片净土。

5. 塔尔钦"移动夫妻店"：坚守在神山脚下的幸福

海拔 4700 多米的塔尔钦镇，是通往神山冈仁波齐峰的山口，从 10 月份开始到次年开春，当地人要一直与风雪为伴。当地气候恶劣，昼夜温差大，冬季漫长，最低气温在零下 40℃以下。因此，在这里，通信和生命一样重要。塔尔钦移动员工其美多吉、边巴卓玛夫妇坚守在这儿，成为神山脚下的美丽风景线。

由于常年工作生活在海拔四千多米的高原地区，两人的肤色早已被晒得黝黑，嘴唇也因缺氧而常年乌紫。如果他们不说，外人很难猜到，其美多吉是 1985 年出生的，而他的妻子边巴卓玛其实是"90 后"。

其美多吉和边巴卓玛夫妻俩工作的中国移动西藏公司阿里分公司塔尔钦营业厅，空气含氧量只有平原地区的三分之一，被称为"世界屋脊的屋脊"。这里依傍"神山"冈仁波齐与"圣湖"玛旁雍错，是国内外游客、科考家及信徒的集散地，因此，通信变得和生命一样重要。

其美多吉一家（图片来源：中国西藏网）

从 2009 年 6 月营业厅开业以来，夫妻俩守护着与外界连通的生命信号，并将营业厅开成了世界屋脊上永不关门的"移动夫妻店"，近 2000 个昼夜，信号从未中断过。

24 小时不关门的营业厅

从 10 月份开始到次年开春，塔尔钦人要一直和风霜雨雪为伴。所以，当地人像候鸟一般，秋天迁去暖和宜居的地方，春天再回来。夏天每天最高 5000 多人的客流量，到了冬季只剩下不到 200 人在坚守。

其美多吉和边巴卓玛的夏天一直很忙，他们把自己的家安在紧挨着营业厅的地方。很多人都知道这是 24 小时不关门的营业厅，不管多晚，他们的窗户常响起急促的敲击声，大部分是手机欠费停机的客户着急缴费。

再后来，当地的客户与其美多吉夫妇熟悉后，遇到手机快欠费了，干脆打电话请他们先垫交，哪天有空再还上。"一个月有时候要垫付 2000 块钱，但是他们都很讲信用，从来没发生过不还钱的事情。"其美多吉说。

其美多吉说，在塔尔钦当地是没有 8 小时工作制概念的，"如果游客半夜敲门，那一定是遇到了十分着急的大事，或者为了给家人报个平安。"

一个人的"转山路"

除了营业厅日常事务，其美多吉夫妇还主动承担起了 5 个基站的日常维护，其中有 3 个在冈仁波齐的转山路上。严寒冬季，大风天是常态，基站螺丝很容易被吹松，其美多吉基本每个月都要转山进行例行维护。

转山路上只能徒步，所以要早起。凌晨四点，边巴卓玛为丈夫准备一天的干粮：一小袋糌粑、一壶酥油茶。等他归家，已是晚上十二点。"有时候，进来是一身灰，有时候，进来是一身雪。"

"一共 53 公里，哪里有弯道，哪里有不化的暗冰，我闭上眼都能记起来。"其美多吉对这条转山之路再熟悉不过，是因为它还见证了其美多吉的甜蜜爱情。在他追求边巴卓玛的时候，第一句话就是"明天跟我一起去转山吧"。结婚第三天，妻子悄悄去转山许愿，一路叩拜，祈愿两人一生不相离。如今，这条路也承载着更多的责任，对家庭、对妻女，对工作。

幸福的守望者

神山脚下的其美多吉和边巴卓玛（图片来源：中国西藏网）

边巴卓玛提起其美多吉，总是一脸幸福，"他什么都会，电脑也学得快，基站也会修，家里东西断了会用电焊焊起来。"

越艰苦的地方，越让他们坚定对彼此的感情。虽然俩人之间没有鲜花和浪漫，但爱情在神山和圣湖的庇佑下变得更加坚固。结婚五年来，其美多吉送给妻子的礼物就是一套藏装和一枚戒指。边巴卓玛说，她知道丈夫的心里有她，"忙的时候，他都会叫我先去吃饭"。

在他们眼里，也许幸福就是那么简单。爱情在这里升华、两个可爱的女儿相继在这里出生。也许承诺就是那么简单。营业厅永远那么洁净，笑容永远都那么纯净，每个举动和心愿都是如此良善。

神山下的风景线

其美多吉夫妻俩那一份平凡的爱意也感染着当地的百姓、旅行的游客和朝圣的信徒们，他们的爱心和善举犹如冬日里的阳光，给得到过帮助的人带来缕缕温暖。

三年前，其美多吉前往玛旁雍错附近的霍尔乡公珠村送充值卡。突然听说村子里有个叫次仁德吉的孕妇生孩子难产，而家人手机停机，无法联系当地乡政府,全家急得直哭。其美立马掏出自己的手机拨打乡政府电话请求救援,同时为次仁德吉家人手机免费充值50元,并用摩托车将次仁德吉送往医院。母子平安,次仁德吉托家人为其美多吉送去500元感谢费,被他婉拒。

神山脚下的"移动夫妻营业厅",就像一块磁铁,吸引着当地居民和南来北往的游客。常有游客专门找到移动营业厅和夫妻俩拍照留念,并在留言本上记录下自己的感受:

"这里,只有一个女营业员工作,她的丈夫维护基站,小两口就住在营业厅旁边的10平方米的房子里,他们的精神让我感动。"

"塔尔钦营业厅是神山脚下最美丽的建筑,营业厅的小夫妻才是神山最独特最亮丽的风景。"

【相关背景】

2013年,其美多吉夫妇被评为中国移动首届"最美移动人",并被"中国网事·感动2013"年度网络人物。

6. 扎西:"我在群增福利院当厨师"

29岁的扎西是拉萨群增家庭福利院的厨师。从拉萨到他家只有半小时的车程,但是到任两个月,他没有回过一次家。

拉萨群增家庭福利院里扎西跟孩子们在一起分切牦牛肉(图片来源:中国西藏网)

2013年参与由中国西藏网主办的"藏历年·相约在西藏"活动的网友们走进群增福利院的时候，扎西正在跟几个年龄较大的男孩子一起分切牦牛肉。

作为厨师的扎西跑前跑后，一边指导他们处理牦牛肉，一边忙着布置餐厅。因为孩子们都很小，所以扎西一个人扛起一张写字桌摞在餐桌上，再爬上去用胶带把小红灯笼贴起来。

"过节嘛，大家要高高兴兴地，所以要好好布置一下。"扎西聊天时，时不时有孩子过来找东西或者趁机调侃他。他只是笑着哄孩子们快去"干正事"。

小嘎曲突然跑上来大喊一句："他有女朋友。"

扎西有点不好意思地笑了，点头说是。问他女朋友会不会来时，旁边的小嘎曲又打趣说，"来过一次"。

扎西的女朋友叫琼珍，25岁，是一名银行职员。平时两个人上班都很忙，所以聚少离多。

"福利院总是很忙，尤其孩子们放假后，这几天又赶上过年，所以没有时间回家，也没有时间陪她。"扎西有些内疚，却依然温和笑着，看着身边的孩子们，"要过年嘛，我要给他们做好吃的"。

媒体与爱心人士与拉萨群增家庭福利院的孩子们在一起（图片来源：中国西藏网）

孩子们也总是挽着扎西的手臂抑或拉着他的手，对他的喜欢和依赖也许扎西本人也没有很清楚梳理过，却乐在其中。令人感到幸福的是，家人和女朋友"很支持"他的工作。

【相关背景】

拉萨群增家庭福利院2006年由的群增顿珠（已故）老师创办，由政府出资捐办，在社会各界爱心人士关爱下，成为私人管理、政府支持的福利院，现有66名常住孤儿。

7. 萨迦寺僧人次仁多吉的学经生活

每个僧人的生活都是一本多彩的书，无论是刚进寺庙的僧人，还是受人景仰的仁波切。他们都有自己的信仰、爱好和生活方式。他们并不像我们想象的那么神秘、与世隔绝。

僧人是一个特殊的群体，同时也是社会中一群普通的青年人，他们也和孩子一般玩耍。在等待考试的时间里，他们有的在阳光下嬉闹，有的互相翻看着经文，有的则躲在阴凉的地方一个人背书。绛红的僧袍与大殿象征文殊菩萨的红色融为一体，似乎他们原本就属于这里。

上午，僧人次仁多吉抱着一摞经书，快步从长而狭窄的解脱梯上跑下来，坐在楼梯边的墙角上，抱着经书读了起来。过一会儿，他和其他五十几名学经僧人将参加一场佛学测试。

在高原，夏日里的阳光总是那么炽热，大殿的屋檐影子照在次仁多吉红色的僧袍上，煞是好看。他打开那画有红绿色记号的经书，快速扫了几眼，然后合上，闭着眼睛，口中念念有词，有人过来，他合上经书板，笑眯眯地说，"我们在楼上考试"。

次仁多吉20岁，来自日喀则南木林县一个牧民家庭，18岁进入寺庙，现在是萨迦寺低级佛学院的一名学经僧。一会儿，中低级佛学院的学经僧要集中在一起参加考试，由4名经师检查他们背诵经文的情况。

萨迦寺现有三所佛学院，分低、中、高三级，共有一百三十多名学经僧，其中，中低级佛学院 50 多名，高级佛学院 80 多名。高级佛学院的学经僧还包括其他寺庙来求学的僧人。

"我们把经书给老师，老师看，我们背。"次仁多吉边说边在经文上用黄色和红色的笔画了好几处记号。他说，作记号的地方有的是重点，有的是不要求背诵的。

学经院每年都会举行几场考试，如果学经僧没通过考试，将受到相应的惩罚，一篇经文罚款五元。考试成绩突出者，除了奖励五元外，经师也会给一定的奖励，到藏历年的时候一起结算。

次仁多吉（图片来源：中国西藏网）

萨迦寺寺管会委员僧格桑布说，"制定奖惩制度，主要是为了激励僧人学习，起到勉励的作用，罚款并不是主要的目的。"

作为一名学经僧，次仁多吉的生活每天都是有规律地重复着：早上六点半，从被窝里爬起来、裹上僧袍，和其他僧人像潮水一般涌入大殿，落座在属于自己的坐垫上，打开经文，开始诵经一直到九点半。早餐后，到一个小扎康工作，点燃大殿佛龛上的盏盏酥油灯。下午两点到晚上七点，到学经院学习经文。

青灯伴佛的日子，看似辛苦，次仁多吉说自己学经"很开心"。一个多小时的交谈中，他始终带着灿烂的微笑。面对镜头，他会忽然变得拘谨羞涩，却又迫不及待地想看看镜头中自己的模样。

每逢休息日，次仁多吉和其他僧人便会相邀到萨迦县附近的一个小草原上踢足球。夏日里，许多附近的居民都在草原那边劳作，为了不影响他们，他们就去得少了。

除了喜欢听一些藏族歌曲，次仁多吉平日的空闲时间里还喜欢打理花花草草。他在僧舍里种了几盆卓玛花。卓玛花一旦开放，他会把花搬到佛龛上，以示祭神。

聊天过程中，几名僧人拿着经书夹从解脱梯的楼梯走下来，冲着楼梯下等候的僧人说了几句。次仁多吉站了起来，说他要去考试了，然后又夹着那红绿相间的经书板噌噌地爬上楼梯。走到楼梯尽头，他回

温习经书的次仁多吉（图片来源：中国西藏网）

过头来挥挥手，笑呵呵地转过身，消失在大殿深处……

8. "北漂"里的日喀则人

在西藏，有这么一个笑话。"站在布宫山顶，闭眼往下丢一块石头，十有八九会砸在日喀则人身上。"可见，在西藏各地出来打工者中属日喀则人最多。他们勤劳质朴，乐观幽默，最善于在忙碌和苦涩中找乐子，因此，也深受西藏各地人的欢迎。如今，闯惯了西藏东西南北的日喀则人，已经走出他们最熟悉的雪域高原，越过高山跨过雅鲁藏布江来到祖国内地，开始在充满竞争的大城市寻找自己的立足之地。在北京城，也有一些来自西藏日喀则的打工者。他们之中最具代表性的莫过于北京玛吉阿米藏族风情餐巴的普确

和普穷次仁。

到京已有十年之久的普确和普穷次仁，早已是玛吉阿米餐巴的骨干演员。他们所演出的扎年琴弹奏和堆协舞，是玛吉阿米每晚演出的保留节目，也是获得掌声最热烈的节目之一。

普确和普琼次仁都来自西藏日喀则地区白朗县麻乡。他们从小喜欢唱歌跳舞，尤其酷爱弹奏扎年琴。"当时我们只有用铁皮碗当作共鸣箱的自制扎年琴。"普确说，"每次上山放羊时都带那个扎年琴，后来能弹出完整歌曲时觉得特别自豪。"普琼次仁说："我们弹奏扎年琴纯粹是为了自娱自乐。根本没想过将来靠这个挣钱，最大的希望也只不过是在家乡的'望果节'上秀一秀。"

普确跳工布舞（图片来源：普确）

时代在发展，各种文化娱乐生活也随之丰富起来。20世纪90年代末，以藏族传统歌舞为招牌的"朗玛厅"如雨后春笋般出现在雪域高原上。原本打算学点木工之类的本领，去外地打工的普确和普琼次仁也背起心爱的扎年琴，踏上了"职业艺人"的道路。

刚开始，普确和几个老乡在拉萨组织了一个民间演出队，在拉萨的几家宾馆和朗玛厅演出。普确说："当时我们的招牌节目是扎西雪巴藏戏，是我们到拉萨后边排练边演出的。"后来,普琼次仁也加入了演出队伍,但很快他就去单打独拼了。离开演出队后,他去了几家朗玛厅演出,刚开始弹奏扎年琴,后来唱一些通俗歌曲,也当过藏语主持,"当时我想,这份工作比起农活轻松,也能挣钱,觉得很满意。"

2002年初,在拉萨招兵买马的玛吉阿米餐饮连锁店董事长泽朗旺清无意中发现了他们两人,并聘请他们到玛吉阿米北京店当演员。普确说:"当时我们没考虑太多,只是带着去看看外面世界的心情来到了北京,不过现在想起来,当时的决定是正确的。因为我们在北京既可以传播我们藏民族的优秀传统文化,也可以学习当今世界最先进的思想文化。"

普琼次仁的服饰表演(图片来源:普琼次仁)

没到北京前，他俩连一句完整的汉语都不会说，但现在语言沟通几乎没有任何困难。在玛吉阿米北京店里，经常能接触到各行各业的精英人物。"他们中有的人会给我们的表演提出意见和建议，有的帮我们为未来事业出谋划策，有的给我们讲他们成功的经历，这一切对我们自身发展很受启发和鼓舞。"除了店里的日常演出外，他们有时也会参加一些大型栏目的演出。比如中央电视台的《民歌中国》，内蒙古电视台的《魅力中国》，还有上海东方卫视的《民歌大会》。

聊到兴起，普琼次仁打开手机，展示他家新房子的照片——甚是气派的两层藏式农家"别墅"。这是村里最好的房子之一，屋里的装修也跟城里没什么两样，大部分家具都是新定制的。"盖房子的大部分费用是我自己挣的。"普琼次仁脸上洋溢着自豪的笑容。

普确有三个孩子，他对家里的帮助重心已经转移到孩子的教育上。为了弥补自己小时候没有上学这个遗憾，普确经常鼓励家里的孩子们好好上学。他承诺，只要他们考上大学，一切费用自己都包了。

谈到婚姻时，普确深情地说："我和我的两个哥哥感情很深，可以说我们是彼此的左膀右臂，谁也离不开谁。而且我们深爱我们共同的妻子（后藏有些农牧区至今还有一妻多夫制）。平时大哥和她在家务农，我跟二哥去外地打工，家里的生活很美满。"英俊魁梧、打扮时髦的普琼次仁则腼腆地说："如今家里生活上没什么大的困难，我也到了该考虑自己将来生活的时候了，但目前还没遇到合适的……"

关于未来，普琼次仁想出一盘弹唱专辑，普确则说："我目前还没什么别的打算，至于未来还很难说。"他的回答很简单，但从他的眼神中可以看出对未来充满了信心。

9. 努增旺姆：奔跑吧，"阿里羚羊"

2010年9月12日，来自西藏自治区体校的努增旺姆以1小时27分零8秒的成绩夺冠，并刷新了由国家队选手次旺保持的1小时28分11秒的女子半程马拉松原纪录，惊动赛场内外，始得"阿里羚羊"之美名。

2011年6月，在昆明举行的第一届田径耐力项目高原地区对抗赛中，来自西藏阿里噶尔县的 15 岁少女努增旺姆获得 3000 米和 6000 米第一名。

这是中国第一次尝试举办田径耐力项目高原地区对抗赛。来自云南、青海、西藏等五省区的 660 名运动员分别参加了 2—10 公里不等的越野中长跑和 2—10 公里不等的竞走比赛。这是"中国田径高原人才开发计划"的一次有益尝试，同时也是后备人才的一次考察，因此，赛事运动员构成以 12—17 岁的青少年为主。

2011 年拉萨国际半程马拉松挑战赛中，努增旺姆获得女子组冠军（图片来源：中国西藏网）

时间倒回到 2010 年 9 月 12 日，第五届拉萨国际半程马拉松挑战赛在布达拉宫广场鸣枪起跑，来自北京、青海、西藏等 21 个省区及美国、奥地利等国家的 4600 多人参加了半程马拉松赛和迷你马拉松 5 公里赛。参赛者年龄最大的 79 岁，最小的 13 岁。赛事路线途经林廓西路口、罗布林卡路、鲁定路、当热路、娘热路、色拉路、夺底路等路段，终点设在西藏赛马场内，全程 21.0975 公里。最终，来自西藏自治区体校的努增旺姆以 1 小时 27 分零 8

秒的成绩夺冠，并刷新了由国家队选手次旺保持的1小时28分11秒的女子半程马拉松原纪录，惊动赛场内外，始得"阿里羚羊"之美名。

2010年8月14日上午，在西藏自治区第十届运动会上，15岁的次仁桑嘎和14岁的次仁久美在场边焦急地向场上张望着，并不时地喊着"快点，再快点……加油啊！"两个少年的助威声不时被淹没在场边观众更高的叫喊声中。根据在现场的《西藏日报》记者描述：在14日的女子5000米预决赛比赛场上，14岁的努增旺姆不足一米五零的娇小身躯和她遥遥领先于场上其他选手的差距，让在场的观众和裁判多生感慨。但如果看过努增旺姆13日在同一赛场上举行的女子3000米预决赛的比赛并夺冠的场景，就不会有人对她在今天赛场上的表现持任何怀疑的态度了。

2014年，这位已是两届拉萨国际女子半程组别的冠军和现纪录保持者的18岁少女，成为西藏自治区第十一届运动会女子3000米和5000米的双冠王。

相信终有一天，努增旺姆会在世界舞台上大放光彩。

10. 登山家阿旺罗布的珠峰风采

虽然阿旺罗布是目前中国登顶珠峰次数最多的人，但这位登山英雄对自己的经历却毫不张扬："登山是一项需要大家高度团结的工作，谁都有可能最后登顶，只不过我的机会比常人多些而已。"

阿旺罗布（图片来源：中国西藏网）

阿旺罗布出生于西藏日喀则地区聂拉木县农村，1999年进入西藏自治区登山学校学习，先后参加了人类攀登珠峰50周年登山和人类重测珠峰高度和奥运火炬上珠峰等重要活动，曾8次成功登上珠峰，是中国著名登山家和高山摄像师。作为高山摄像首登中尼友谊峰、登顶土耳其阿拉山、瑞士多福尔峰，并参加南极探险等活动。

30多岁的阿旺罗布身高1.70米，清瘦、精干，有着高山工作者的标准身材。1999年，他从日喀则地区聂拉木县来到拉萨，开始了登山之旅，是西藏登山学校的第一批学员。

然而，在西藏登山学校的创始人尼玛次仁校长来到日喀则招生之前，在18岁的阿旺罗布的人生计划里，完全没有登珠峰这一项。"那个时候根本没有想过要去当登山运动员，虽然家住在日喀则，离珠峰很近的，但是从来都没有去过珠峰。"

用阿旺罗布自己的话说，刚到登山学校的时候还不懂登山的真正含义。如今，在这里，他不仅认识了曾经朝夕相处的大山，也真正领悟到一个高山向导的意义所在。

多年来，阿旺罗布一直从事高山协作者、高山向导和高山摄像工作。（图片来源：中国西藏网）

从登山学校毕业后，阿旺罗布就专心在圣山探险公司担任高山向导等工作。每年他都要参加至少 5 次登山活动。2001 年一年当中，他甚至 10 次登顶山峰。这对于一个登山者而言，几乎是一个极限数字。因为西藏每年的登山季节在 4—5 月以及 8—10 月，每次登山所需要的时间最少也得在半个月左右。这也意味着阿旺每年大约有一半的时间都在与山为伴。

虽然阿旺罗布是目前中国登顶珠峰次数最多的人，但这位登山英雄对自己的经历却毫不张扬："登山是一项需要大家高度团结的工作，谁都有可能最后登顶，只不过我的机会比常人多些而已。"

阿旺罗布说，他还有更高的目标，"世界登顶珠峰次数最多的人已经上去了 15 次，是夏尔巴人。对于一个登山者来说，我还很年轻，相信以后还会有更多登顶的机会。"

三、编辑视点：寻找不一样的人生

走过 50 多年民主改革的风雨历程的西藏，一切都在变化之中。新一代的年轻人正在这片土地上追逐着自己的人生理想，寻找不一样的人生，这是西藏现代生活的另一个侧面。

西藏攀岩队教练阿旺扎西正带领队员进行训练（图片来源：《讲述西藏》纪录片）

在中国最大的一块人工岩壁上,正在进行攀岩训练的是西藏登山学校的一群18岁上下的藏族学生,1999年创办了这座学校的校长尼玛次仁在国内登山界属于"教父"级人物。

那些来自珠峰脚下的农牧民孩子们,将要在这所学校度过三年学习生活,他们既要全面掌握登山理论和技能,还要学习大量的文化课。毕业后,他们将会拥有一个令人羡慕的职业。他们可以担任登山向导、高山厨师、高山摄影以及各种登山联络官和翻译。而一些最具登山潜力的学员将被推荐到西藏登山队。

18岁前,阿旺罗布的人生计划里完全没有登珠峰这一项。作为西藏登山队第一批学员,如今,他已经8次成功登上珠峰。正如阿旺罗布所说,自己还很年轻,人生还有无限多的可能。

四、背景知识:西藏青年各行各业显身手

西藏青年在各行各业大显身手(图片来源:《讲述西藏》纪录片)

50年前，西藏的现代工业是一片空白。如今，这里已经初步形成了富有西藏特色的现代工业体系。现代的商业气息正改变着人们的生活。然而，传统与现代并不独立，他们也拥有了更多选择梦想和生活的自由，以及实现美好生活的种种际遇。

在这个充满活力的新的高原上，涌现出了许多时代的弄潮儿，他们在各行各业大显身手，成就了自己。

截至目前，拉萨市人才资源总量已超4万人。到2020年，拉萨市人才资源总量将达到7.05万人。届时，全市重点领域、重点产业、重点学科人才，高层次创新型和应用开发型人才，边远地区和农牧区人才会明显增加。

而且随着对大学毕业生创业支持力度的不断加大，创客一族在西藏也将迎来自己的春天。

后　记

　　关于西藏，国内外去和没去过的人，都会有自己的"印象"、"记忆"。近年来，西藏主题的图书、影视片层出不穷，关于西藏的新闻也是国内外新闻界少有能够经常交集的涉华热点话题，几乎每一个到过西藏的人都会有或多或少的"西藏情结"。　不同国家的人对西藏的认知不同，不同职业的人对西藏的感受也不同。但总体上，国外有的人视之为"香格里拉"，赋予其神秘性和特殊性。西藏，是个充满魅力的地方，是个永远产生故事的地方，也是个很多人愿意津津乐道的地方。

　　本丛书是在荣获第十九届中国电视纪录片最佳单项奖之一的"年度收藏作品"奖《讲述西藏》的基础上改编而成的。本丛书源于同名纪录片，又不同于该纪录片。创意者力图探索一条影视片图书化的道路，同时希望藉此进行有关传统媒体与新媒体融合的尝试。本丛书集中一个个国内外关注的热点话题，将涵盖纪录片中所涉及的西藏经济、政治、文化、社会、生态、教育、民生、宗教等多个领域；每一个话题均有纪录片的写实，有纪录片的经典画面，也有相关主题的精彩图片和多个访谈；同时，每一章节专门为读者撰写了相关主题的背景、常识介绍。这将是对真实、发展、变化中的西藏一次全景、多元、多彩的介绍。本丛书的作者都是中国西藏网的一线青年记者编辑，他们有良好的国内外求学知识背景，思维活跃，有强烈的创新性，长期活跃在国内涉藏报道和采编的一线，文字中透溢着鲜活的生命和澎湃的热情，她们把每一件事、每一个地方、每一个人、每一件物品等反映西藏真实面貌的一个个细小、浓缩的侧面汇聚起来，从各个方面、不同角度诠释着西藏的变化，书中所讲述的僧人、农奴、手工艺传承者、藏族空乘、街舞爱好者、普通农牧都是来自她们一线的真实采访经历。

　　本丛书的编写工作得到了中央统战部领导的大力支持，张裔炯同志、陈喜庆同志、斯塔同志给予了指导，中央统战部七局有关同志对书稿进行了审读，王丕君同志负责本丛书的策划和统筹，张晓明同志对全部书稿进行了统稿并对书稿认真阅改，孙良刚同志、李红强同志对书稿提出了宝贵意见。

参加本丛书的编写人员如下：《讲述西藏：宗教的故事》由马恺、闫洁、郭明慧编写；《讲述西藏：变迁的故事》由王梦璐、吴建颖、范登科编写；《讲述西藏：传承的故事》由冯登宁、张敏、翟新颖编写。

本丛书的不足之处，欢迎读者批评指正。

编　者

2016 年 2 月 3 日